Jürgen Bellers (Hg.)

ZUR SACHE SARRAZIN

Wissenschaft · Medien · Materialien

LIT

Bibliografische Information der Deutschen Nationalbibliothek
Die Deutsche Nationalbibliothek verzeichnet diese Publikation in der Deutschen Nationalbibliografie; detaillierte bibliografische Daten sind im Internet über http://dnb.d-nb.de abrufbar.

ISBN 978-3-643-10991-0

Verlagskontakt:
Fresnostr. 2 D-48159 Münster
Tel. +49 (0) 2 51-62 03 20 Fax +49 (0) 2 51-922 60 99
e-Mail: lit@lit-verlag.de http://www.lit-verlag.de

Auslieferung:
Deutschland: LIT Verlag Fresnostr. 2, D-48159 Münster
Tel. +49 (0) 2 51-620 32 22, Fax +49 (0) 2 51-922 60 99, e-Mail: vertrieb@lit-verlag.de
Österreich: Medienlogistik Pichler-ÖBZ, e-Mail: mlo@medien-logistik.at
Schweiz: B + M Buch- und Medienvertrieb, e-Mail: order@buch-medien.ch

Inhalt

Vorbemerkung

Zur Sache Sarrazin befinden sich in diesem Band einige Beiträge. Es geht um die Sache, nicht um die Person. Der Person verdanken wir ein vielschichtiges Buch, eine notwendige Diskussion. Sarrazins Buch enthält bei genauerer Betrachtung wenig Neues, er behauptet dies auch nicht.

Die zentrale These hat etwa Walter Laqueur vor wenigen Jahren in seinem Buch „Die letzten Tage von Europa“ bereits formuliert.

Ein Rückblick von Laqueur auf sein Buch „The last days of Europe“, das hierzulande keinen Skandal ausgelöst hat, leitet deshalb den Band ein.

Die bisherige Diskussion führt zu Fragen der Medien-, Politik- und Wissenschaftskultur, besser dem Medien-, Politik- und Wissenschaftsgeschäft.

Die Themen Demographie und Migration werden die Zukunft Europas wesentlich beeinflussen. Die Diskussion um die Sache hat erst begonnen. So wie man mit dem Namen Hartz ein Thema verbindet, wird man dies vielleicht einmal mit dem Namen Sarrazin tun.

Jürgen Bellers

Siegen, November 2010

1. Die letzten Tage von Europa

Walter LAQUEUR

Ich schrieb *The Last Days of Europe* im Jahr 2006. Die letzten Tage von Europa? Das war natürlich nicht wörtlich gemeint. Europa wird nicht unter einem Ascheregen versinken wie Pompeji und Herculaneum. Aber das Europa, das meine Generation kannte, verschwindet tatsächlich. Viele weigern sich, diese Realität zur Kenntnis zu nehmen. Ich rate ihnen zu einer Tour durch Westdeutschland, Nordfrankreich, Belgien und die Niederlande, wo sie einen Blick in die Schulen und Kindergärten werfen sollten. Politiker und politische Analytiker interessieren sich offenbar nicht sonderlich für Grundschulen, aber sie brauchten lediglich die Veränderungen in den Städten zu beobachten oder die Veröffentlichungen der statistischen Abteilungen der Vereinten Nationen *(World Population to 2300)* oder der Europäischen Union (Eurostat) zu lesen. Wenn die Geburtenraten in Europa weiterhin auf dem derzeit niedrigen Stand bleiben, dann dürften in West-, Süd- und Nordeuropa „im Jahr 2300 jeweils nur 28 bis 30 Millionen Menschen leben, und in Osteuropa nur 5 Millionen. In der Europäischen Union leben heute 452–455 Millionen Menschen (Zahlen von 2000 oder 2005), doch die Bevölkerung kann bis 2300 auf nur 59 Millionen sinken. Etwa die Hälfte der Staaten Europas wird in diesem Zeitraum 95 Prozent oder mehr ihrer Bevölkerung verlieren, und Ländern wie der Russischen Föderation und Italien wird nur ein Prozent der Bevölkerung bleiben."

Diese Prognosen wirken geradezu bizarr und erscheinen unwahrscheinlich. Hochrechnungen können wertlos sein, weil sie weder große wissenschaftliche oder technologische Errungenschaften berücksichtigen (die in dieser langen Zeitspanne durchaus vorstellbar sind) noch große Katastrophen. Prognosen für das Jahr 2050 sind erheblich solider; sie betreffen die Lebenszeit von Menschen, die heute 20 bis 30 Jahre alt sind. Laut denselben Prognosen wird im Jahr 2050 Äthiopien 171 Millionen Einwohner haben, Ägypten 127 Millionen, der Iran 105 Millionen, Uganda 103 Millionen, die Türkei 98 Millionen, der Jemen 84 Millionen und die Russische Föderation 101 Millionen (20 Prozent Muslime). Alle europäischen Länder werden ausnahmslos eine kleinere und ältere Bevölkerung haben und der Anteil Europas an der Weltbevölkerung wird erheblich gesunken sein.

Als ich in den 1930er Jahren zur Schule ging, lernte ich, dass London und New York die Städte mit den meisten Einwohnern auf der Welt sind, gefolgt von Berlin und Paris. Heute steht New York auf Platz zwölf der Liste der größten Städte, und Paris und Berlin folgen ganz weit hinten. Yangon (das ehemalige Rangoon) hat heute mehr Einwohner als Berlin oder Paris, und Lagos übertrifft sie bei weitem, obwohl die meisten Europäer und Amerikaner diese Städte auf der Weltkarte nur mit Mühe finden würden. Im Jahr 1900 (als mein Vater gerade volljährig geworden war) lebten etwa 25 Prozent der Weltbevölkerung in Europa. Im Jahr 2050 (wenn meine Enkelkinder in Rente gehen) werden es noch 7 Prozent sein.

Was bedeuten diese demographischen Entwicklungen? Manche Kommentatoren haben darauf hingewiesen, dass sich demographische Prognosen häufig als falsch entpuppt haben, Bis vor etwa vierzig Jahren fürchteten alle noch eine Überbevölkerung. Doch der Jemen ist größtenteils von Wüste bedeckt. Es ist nahezu ausgeschlossen, dass dieses Land eine Bevölkerung von 84 Millionen Menschen ernähren könnte. Die Zahlen deuten jedoch darauf hin, dass die Geburtenraten nicht nur in Europa sinken, sondern auch in vielen anderen Teilen der Welt wie in China und Indien (in Afrika und im Nahen Osten allerdings nicht nennenswert). Folglich wird nicht nur die Bevölkerung Europas altern und schrumpfen, sondern die Weltbevölkerung insgesamt. Angesichts der begrenzten Ressourcen der Erde ist dieser Trend jedoch eher begrüßenswert.

Im 18. Jahrhundert sagte Thomas Malthus Hungersnöte voraus, weil die Landwirtschaft bei der Produktion von Lebensmitteln nicht mit dem damaligen Bevölkerungswachstum Schritt halten könne. Doch die Menschheit ist nicht in der „Bevölkerungsfalle" zugrunde gegangen und die heute prognostizierten Katastrophen werden vermutlich ebenfalls ausbleiben. Solche Zahlen mögen mit Blick auf die Lebensqualität und kulturellen Errungenschaften belanglos erscheinen, doch sie spielen in der Weltpolitik eine wichtige Rolle. Im Spätmittelalter und in der frühen Neuzeit lag das Gravitationszentrum Europas im Mittelmeerraum. Dass Italien mehr Einwohner hatte als Deutschland und sogar doppelt so viele wie England, dürfte eine wichtige Ursache dieser Dominanz gewesen sein. Das Zentrum verschob sich aufgrund des raschen Bevölkerungswachstums im Norden und der Stagnation oder des gebremsten Wachstums im Süden in späteren Zeiten dramatisch. Auch die wachsende Bedeutung der Vereinigten Staaten in den letzten 150 Jahren war nicht zuletzt darauf zurückzuführen, dass in Europa im Jahr 1850 noch zehnmal so viele Menschen lebten wie in den USA, während sich die Bevölkerungszahlen bis heute stetig angenähert haben. Bis zur Mitte des 21. Jahrhunderts könnten die Vereinigten Staaten die Europäische Union überholen. Noch vor hundert Jahren gab es dreimal so viel Europäer wie

Muslime; heute ist die Zahl der Muslime doppelt so hoch wie die der Europäer. Die Bevölkerungszahl eines Landes oder Kontinents ist zwar nicht der einzige entscheidende Faktor für Prosperität und Macht, aber sie ist wichtig für ihren Einfluss auf die Weltpolitik.

Demographen gehen übereinstimmend davon aus, dass mit einer Geburtenrate von 2,1 Kindern pro Frau eine Bevölkerung konstant bleibt. Gestritten wird über die Frage, ob Untergangsszenarien wie die Auslöschung eines Volkes realistisch sind, weil die Geburtenraten unter 2,1 liegen. Männer und Frauen werden auch in Zukunft Kinder wollen, und wenn sie erkennen, dass ihre Nation oder ihr Kontinent sich womöglich nicht mehr selbst erhalten könnte, dann wird eine Änderung ihres Verhaltens erfolgen und es werden wieder mehr Kinder geboren werden. Die Geburtenrate sollte dann nicht weiter sinken, sondern nach dem Erreichen eines kritischen Punktes wieder steigen.

Doch die Annahme, dass die Geburtenrate nicht unter eine bestimmte Untergrenze sinken wird, ist keineswegs gesichert. Durch die modernen Verhütungsmittel liegt es heute im Ermessen der fruchtbaren Paare, wieviele Kinder sie zeugen. Außerdem wird ein dramatisches Bevölkerungswachstum unwahrscheinlich oder gar unmöglich, wenn die Geburtenrate erst einmal unter 1,2 gefallen ist. Französische Kommentatoren verkündeten stolz, dass die Geburtenrate in ihrem Land wieder fast auf Reproduktionsniveau gestiegen sei (sie machen allerdings keine Angaben, wie viele Kinder von französischen und wie viele von ausländischen Müttern geboren wurden). Russische Demographen haben die feste Überzeugung geäußert, dass ein Anstieg der sehr niedrigen Geburtenrate mit Blick auf den Wirtschaftsboom nicht lange auf sich warten lassen werde (doch es ist historisch nicht belegt, dass Wohlstand mehr Nachwuchs hervorbringt als Armut).

Es liegt auf der Hand, dass Europa schrumpft und altert. Der Kontinent wird viele Millionen Einwanderer brauchen, um die Wirtschaft in Gang zu halten und die Funktion der sozialen Einrichtungen zu gewährleisten.

Vor der Einwanderung von Neubürgern braucht kein Land Angst zu haben. Sie ist eine Konstante der Menschheitsgeschichte. Karl Marx und Friedrich Engels schrieben die Geschichte mit Blick auf den Klassenkampf, aber man könnte sie ebenso gut als Geschichte der Migrationen deuten. Einwanderer haben stagnierenden und schrumpfenden Gesellschaften neuen Elan verliehen. In den letzten Jahrhunderten haben Einwanderer die Vereinigten Staaten, Kanada und Australien aufgebaut und sie haben alsbald beachtliche Beiträge zu den Volkswirtschaften in Europa geleistet. Wie ein Autor im *The Economist* in einer Rezension von *The Last Days of Europe* (3. Mai 2007) ganz richtig bemerkte, wurde das Leben in europäischen Städten wie London oder Berlin durch Einwanderer aus der ganzen Welt belebt und bereichert.

Aber es besteht ein Unterschied zwischen der sozialen Rolle der Computerexperten aus Bangalore oder der Zimmerleute aus Polen und anderer Gruppen, sagen wir, aus Bergdörfern in Anatolien oder Pakistan, deren Beitrag zum wirtschaftlichen und kulturellen Leben der Städte und Staaten Europas eher gering war. Europas Problem ist nicht, dass es auf Einwanderung angewiesen ist, sondern dass es immer schwieriger werden wird, genau jene Einwanderer zu bekommen, die gebraucht werden: qualifizierte, fleißige und unternehmerisch denkende Fachkräfte.

Die Computerexperten aus Bangalore bevorzugen englischsprachige Länder. Derzeit gehen nur fünf Prozent der qualifizierten Fachkräfte aus Asien, Afrika und dem Nahen Osten nach Europa, 85 Prozent hingegen ziehen die Vereinigten Staaten vor.

Gleichzeitig ist ein starker und wachsender Einwanderungsdruck von gering Qualifizierten aus dem Nahen Osten und aus Nord- und Zentralafrika entstanden. Das einzige größere Reservoir von Gebildeten und Fachkräften sind gegenwärtig politische Flüchtlinge aus dem Irak und Iran, aber auch ihr Eifer, nach Europa auszuwandern, hält sich in Grenzen. Gegen die Einwanderung aus Zentral- und Nordafrika, aus dem Nahen Osten und Pakistan regt sich in Europa massiver Widerstand, weil es zweifelhaft erscheint, dass diese Migranten die wirtschaftlichen Probleme Europas lösen könnten.

Aber die Ängste, dass Europa Gefahr laufe, ein muslimisch dominiertes „Eurabien" unter der Scharia zu werden, werden maßlos übertrieben. Seriöse Fachleute schließen es aus, dass Europa (wie es in einer UN-Studie heißt) in zwei Jahrhunderten ein schwarzer Kontinent sein müsste, wenn es weiterhin politisches Gewicht haben will. Mir hat der Begriff „Eurabien" stets missfallen und ich habe ihn nie verwendet. Über die Hälfte der Einwanderer nach Großbritannien sind keine Muslime, und von den Muslimen stammen die meisten aus Pakistan, nicht aus Arabien. Sie sprechen nicht Arabisch und es bestehen sogar Rivalitäten (milde ausgedrückt) zwischen pakistanischen und arabischen Migranten um die Dominanz in muslimischen Organisationen in Großbritannien. In Deutschland sind die meisten Muslime keine Araber, sondern Türken, Alewiten oder Kurden, und die meisten Einwanderer in Frankreich kommen aus Nordafrika. Viele Einwanderer in Belgien und den Niederlanden kamen aus Marokko, andere aus der Türkei. Es gibt gemeinsame Interessen zwischen den diversen muslimischen Gemeinden, aber auch große Unterschiede, nicht zuletzt in ihren Haltungen gegenüber dem Islam. Diese Tatsachen wurden häufig von den Behörden in den Staaten Europas und auch von den Bürgern zu wenig beachtet.

Der Begriff „Islamophobie" (erstmals 1997 geprägt) ist

gleichfalls problematisch. In der neueren Geschichte wurde der Islam kaum als Bedrohung wahrgenommen, vielleicht mit Ausnahme bestimmter Regionen Indiens, des Balkans oder Nigerias, wo es zu Konflikten zwischen verschiedenen Gemeinschaften kam (aber ausgerechnet hier wurde niemals von „Islamophobie" gesprochen). Es gab und gibt eine „Terrorphobie", aber der Islam als Religion hat in den nichtmuslimischen Teilen der Welt eher unter Desinteresse zu leiden als unter einem tief verwurzelten Antagonismus. Nicht einmal die Islamisten verwenden den Begriff, weil sie eine Bezeichnung vorziehen würden, die auf eine Spielart des Rassismus statt auf eine feindselige Haltung gegenüber ihrer Religion hindeutet. Ihre Suche nach einem propagandistisch brauchbaren Begriff blieb jedoch erfolglos, weil der Islam eine Weltreligion ist und zu dieser Glaubensgemeinschaft viele Völker, Länder und Rassen zählen. Angesichts dieser Vielfalt wäre der Vorwurf des Rassismus noch unsinniger als der Vorwurf der Feindseligkeit gegenüber dem Islam.

Was ist von dem Einwand zu halten, dass relativ wenige Muslime in Europa leben und sie deshalb in absehbarer Zukunft keine bedeutsame politische Rolle spielen könnten? Die exakte Zahl der Muslime in Europa ist nicht bekannt und die Schätzungen weichen stark voneinander ab. Ein geringer Anteil der europäischen Muslime sind illegale Einwanderer, und sie werden von offiziellen Statistiken nicht erfasst In manchen Ländern wie Frankreich sind Statistiken zum ethnischen und religiösen Hintergrund von Menschen sogar verboten. Es trifft zwar zu, dass die Geburtenrate der Einwanderer aus muslimischen Ländern immer noch höher ist als die der einheimischen Bevölkerung, aber sie ist im letzten Jahrzehnt leicht gesunken und dieser Trend könnte sich in Zukunft fortsetzen. Aber welche Folgen könnte es haben, wenn Muslime in Deutschland in einigen Jahrzehnten 20 bis 25 Prozent (und in Russland vielleicht sogar mehr) der Gesamtbevölkerung stellen?

Die muslimischen Gemeinden sind deutlich jünger. Schätzungen zufolge sind derzeit in vielen französischen, belgischen und westdeutschen Städten etwa 30 Prozent der jüngeren Generation Muslime oder Kinder anderer Migranten. Im Jahr 2025 könnte das bereits der Durchschnittswert für weitere europäische Städte sein. Heute hat jedes dritte Kind, das in Großbritannien geboren wird, ausländische Eltern, und in weiten Teilen Westeuropas ist die Lage ähnlich. In Ballungsräumen und Städten wie London (ohne Vororte), Manchester, Birmingham, Leicester, Köln, Brüssel, Antwerpen, Duisburg, Nürnberg, Frankfurt und Stuttgart sind es sogar 30 bis 45 Prozent der Kinder. Es ist auch nicht auszuschließen, dass dieser Prozentsatz noch steigen könnte, obwohl die Geburtenrate sinkt.

Die Zahlen hätten nur geringe Bedeutung, wenn diese jungen Menschen relativ gut in die europäischen Gesellschaften integriert wären. Die Integration von chinesischen und indischen Einwanderern oder von Polen, der größten Gruppe der Einwanderer nach Großbritannien zu Beginn des 21. Jahrhunderts, hat sich als unproblematisch erwiesen. Leider ist dieser Prozess bei der zweiten und dritten Generation von Migranten aus muslimischen Ländern weitgehend gescheitert, und das, obwohl sie die Sprache ihrer Gastländer besser beherrschen als die ihrer Eltern. Viele von ihnen lehnen die Wertvorstellungen und den Lebensstil der Menschen in ihrer neuen Heimat noch entschiedener ab als ihre Eltern und Großeltern,

Doch das Bild ist keineswegs einheitlich. Es gibt durchaus Beispiele für Integration und wirtschaftlichen Erfolg von Migranten. Eine gesellschaftliche und kulturelle Assimilation kann allmählich stattfinden. Kultureller und sozialer Wandel ist möglich, ja sogar wahrscheinlich, aber er könnte Generationen dauern.

Zudem besteht die Gefahr, dass die Kinder der Migranten die positiven Aspekte der westlichen Gesellschaften ablehnen und die negativen übernehmen. Die Straßenbanden verwandeln sich nicht in Studienkreise von Jürgen Habermas, Giorgio Agamben, der *New Left Review* oder Slavoj Zizeks; sie finden auf anderen Gebieten reizvollere (und häufig einträglichere) Betätigungen. Vor allem im Bildungs- und Schulwesen stellen sich Grundsatzfragen, wenn aus Minderheiten Mehrheiten werden. Was ist zu tun, wenn Schulen überwiegend von Kindern ausländischer Herkunft besucht werden? Sollen Behörden den Unterricht weiterhin auf der Grundlage eines Lehrplans durchsetzen, der keinen Bezug zur kulturellen und religiösen Identität der Mehrheit der Schüler hat? Und ist diese Durchsetzung überhaupt möglich, wenn die Schüler die Inhalte des Unterrichts ablehnen und sich gar nicht integrieren wollen?

In Großbritannien werden pragmatische Gründe betont: Der Englisch-Unterricht gilt als notwendig, weil Englisch die *Lingua franca* der verschiedenen Volksgruppen der muslimischen Gemeinde ist, die sonst keine gemeinsame Sprache haben. Allerdings ist kaum einzusehen, weshalb türkische Kinder in Berlin Gedichte von Goethe und den deutschen Romantikern interpretieren sollen, während türkische Literatur im Unterricht nicht vorkommt. Das ist keineswegs nur eine Frage der Religion. Niemand darf von jungen Pakistanis und Türken verlangen, dass sie „Land of Hope and Glory" oder „Kein schöner Land in dieser Zeit" singen, oder von einem palästinensischen Araber, dass er in die „Hatikwa" (die israelische Nationalhymne) einstimmt, die den 2000 Jahre alten Traum vom Reich Zion preist. (Indien hat mit den nationalistischen Gedichten des „Vande Mataram" ein ähnliches Problem. Diese rühmen eine hinduistische Gottheit und sind deshalb für Muslime und Sikhs eine unerträgliche Provokation.)

In manchen Staaten Europas wird in den Schulen Weihnachten oder Ostern nicht mehr gefeiert, um die Gefühle der Kinder anderer Religionen nicht zu verletzen. Aber reicht solcher Verzicht aus? Die muslimischen Kinder werden von ihren Religionslehrern dazu erzogen, die Normen und Werte einer sündigen, westlichen Zivilisation abzulehnen; sie fühlen sich, laut allen Umfragen, in erster Linie als Muslime, nicht als Briten, Franzosen oder Deutsche. Und mit welchem Recht sollte man ihnen fremde und unerwünschte Traditionen aufzwingen? Eine gesellschaftliche und kulturelle Assimilation muss jedoch zwangsläufig stattfinden, aber die kann nur durch gegenseitige Annäherung möglich werden, und das wird sich vermutlich über Generationen hinziehen. Über das Ergebnis kann man nur spekulieren, aber es wird sich wohl erheblich von der Zivilisation des alten Europa unterscheiden. Ich bezweifle, dass diese neue Gesellschaft sonderlich attraktiv sein wird.

Europa verändert sich bereits heute dramatisch: Niemand, der in jüngster Zeit Brüssel (die Viertel Marollen und Sint-Gillis) oder Kopenhagen (das Viertel Norrebro) oder Paris besucht hat, kann dies bestreiten. Diese Veränderungen könnten sich auch als großartige Chance erweisen, wie manche Beobachter meinen. Doch die zweite Generation der Euro-Optimisten vertritt die Meinung, es gebe gar keine Veränderungen von großer Tragweite. Diese existierten lediglich in den hysterischen Phantasien der extremen Rechten.

Die Abneigung, das Offensichtliche zur Kenntnis zu nehmen, ist wieder einmal groß.

2. Ein Stoß ins Herz der Political Correctness

Ralph GIORDANO

Thilo Sarrazins Buch ist ein Stoß mitten ins Herz der bundesdeutschen Political Correctness, ein Frontalangriff auf Deutschlands Multikulturalisten, xenophile Einäugige und Pauschalumarmer. Die vereinte Riege der Berufsempörer, Sozialromantiker und Beschwichtigungsapostel zerreißt ein Buch in der Luft, das sie nicht gelesen hat (ausgenommen vielleicht jene stoßatmig erschnüffelten Passagen darin, die Sarrazin als Rassisten entlarven sollen – wenige Zeilen in einem Buch von fast 500 Seiten). Da bläst eine schrille Kakofonie zum moralinsauren Halali! Wobei öffentliche Meinung und die der politischen Klasse selten so diamentral auseinander gelegen haben.

Tatsächlich weist die ganze Lektüre den Autor als einen Kenner der Migrations- und Integrationsszene aus, der aus dem Vollen schöpft und dabei das Elend einer Immigrationspolitik entblößt, an der die Integration der muslimischen Minderheit bisher gescheitert ist.

Integrationsdefizit bleibt aktuell

Seine Gegner machen sich nun aber bezeichnenderweise nicht daran fest, was Thilo Sarrazin kritisiert, sondern wie er es getan hat. Zum Beispiel so: „Ich muss niemanden anerkennen, der vom

Staat lebt, diesen Staat ablehnt, für die Ausbildung seiner Kinder nicht vernünftig sorgt und ständig neue kleine Kopftuchmädchen produziert."

Ähnliches auch diesmal wieder, anlässlich Thilo Sarrazins Kurztrip in die Welt der Gene von Juden und Basken, der mir, einst unter die NS-Rassegesetzen gefallen, keinen Adrenalinstoß versetzte, den Kuschelpädagogen allerdings den willkommenen Vorwand liefert, die haarsträubenden Zustände in den muslimischen Parallelgesellschaften wie bisher unkommentiert zu lassen.

Das Thema aber, das Sarrazins Buch auf eine neue Ebene des nationalen Bewusstseins katapultiert hat, wird noch dann aktuell sein, wenn die Wogen einer artifiziellen Empörung längst verlaufen sind: das enorme Integrationsdefizit der muslimischen Minderheit in Deutschland!

Sarrazin beschreibt die Wirklichkeit

Die Lehren über die Seiten hin: Es gibt keine Integration, ohne die Überwindung der Hemmnisse, die aus Sitten, Gebräuchen und Traditionen der muslimischen Minderheit selbst kommen! „Der Kampf um die Integration der Muslime in Deutschland ist nicht verloren, aber er wird verloren gehen, wenn die Muslime diese Integration nicht auch als eigene Bringschuld begreifen. Wenn sie nicht Loyalität gegenüber diesem Land zeigen und nicht bereit sind zur Versöhnung ihrer Religion mit der Moderne." Ja!

Doch schreibt das nicht Sarrazin, sondern Benjamin Idriz, ein islamischer Funktionär aus der bayerischen Provinz. Aber genau das ist es, was Sarrazin postuliert. Er hat doch Recht, wenn er schreibt, große Teile der Migranten sind weder integrationsfähig noch -willig, und dass es legitim ist, darüber nachzudenken. Und was ist falsch daran, wenn er konstatiert, dass die Geburtenrate umso höher liegt, je niedriger die soziale Schicht ist? Und dass Nachdenken auch darüber nichts mit Rassismus zu tun hat?

Und er hat doch Recht, wenn er schreibt, dass sich die Migranten muslimischer Herkunft bei der Integration schwerer tun als andere Migrantengruppen. Und was ist falsch daran, wenn er die Wirklichkeit beschreibt, wie sie ist, und nicht, wie sie seit Jahren gefälscht wird – als eine multikulturelle Idylle mit kleinen Schönheitsfehlern, die durch sozialtherapeuthische Maßnahmen behoben werden könnten?

Gegen Demokratie-Gegner wehren

Ich lese Thilo Sarrazins „Deutschland schafft sich ab“ wie eine Enzyklopädie des Migrations-Integrationskomplexes in seiner deutschen und europäischen Dimension, wie ein Lehrbuch, das der dritten und vierten Generation von Zugewanderten Hemmnisse aus dem Weg räumen könnte.

Dazu gehört eine furchtlose Sprache, und die spricht er. Es bleibt die Ehre der Nation (und Sarrazin nimmt ihr nichts), jeden Eingewanderten, Fremden oder Ausländer gegen die Pest des Rassismus und seine Komplizen zu schützen. Gleichzeitig aber ist es bürgerliche Pflicht, sich gegen Tendenzen aus der muslimischen Minderheit zu wehren, die jenseits von Lippenbekenntnissen den freiheitlichen Errungenschaften der demokratischen Republik und ihrem Verfassungsstaat ablehnend bis feindlich gegenüberstehen.

Deshalb Schluss mit der deutschen Feigheit, Kritik an der Politik fundamentalistischer Verbandsfunktionäre oder gar am Islam selbst zu üben. Schluss vor allem mit dem niederträchtigsten aller niederträchtigen Totschlagargumente der Political Correctness: „Wer sich kritisch äußert, der macht die Sache der Nazis von heute." Umgekehrt wird ein Schuh draus: Haben doch gerade die staatlichen und nichtstaatlichen Weichzeichner jene unerträglichen Zustände in der Migrantenszene geschaffen, auf die sich die wirklichen, die echten Rassisten berufen. Es sind diese professionellen Kreidefresser, die Deutschland in die Misere der gescheiterten Integration gesteuert haben, Repräsentanten jener total verfehlten Immigrationspolitik, die aus Furcht, ausländerfeindlich geschimpft zu werden, die berechtigten Eigennutzinteressen des Aufnahmelandes sträflich außer acht ließ.

Muslimischen Kindern soll es gut gehen

Sarrazins Buch richtet das Auge auch auf den historischen Hintergrund: darauf, dass hier zwei Kulturkreise von höchst unterschiedlichem Entwicklungsstand zusammenstoßen: der judäochristliche, der in den vergangenen fünfhundert Jahren mit Renaissance, Aufklärung, bürgerlichen Revolutionen und ihrer Fortschreibung einen gewaltigen Sprung nach vorn getan hat, während der andere, der muslimische Orbit, nach kulturellen Höchstleistungen, die Europa nur beschämen konnten, seither auf verstörende Weise stagniert.

Es liegt im innersten Interesse der türkisch dominierten muslimischen Minderheit in Deutschland, sich von allen integrationsfeindlichen Kräften zu distanzieren und sie zu überwinden – Voraussetzung für eine Eingliederung, die diesen Namen verdient hat. Und da kann man manches von Sarrazin lernen. Migration, Integration – sie sind längst zur Schicksalsfrage der deutschen Geschichte des 21. Jahrhunderts geworden. Ihr derzeitiger Sprecher jedenfalls heißt Thilo Sarrazin.

Postskriptum: Ich hätte mir Sarrazin gern öffentlich emotionaler gewünscht und in den Debatten offensiver, mit mehr persönlicher Empathie für die ungezählten Menschen aus der türkisch dominierten muslimischen Minderheit, die höchst liebenswert sind, aber auf Grund kultureller Verschiedenheit dennoch ihre Probleme mit der Mehrheitsgesellschaft haben, wie umgekehrt diese mit ihnen. Wenn ich Kinder sehe aus muslimischem Milieu, dann ist mein erster, allererster Gedanke: Es soll ihnen gut gehen, heute und erst recht morgen, es soll ihnen, verdammt noch mal, gut gehen, Allah hin, Mohammed her! Dass Sarrazin solche Gedanken nicht geäußert hat, braucht ja nicht bedeuten, dass sie ihm fremd sind.

3. Die gescheiterte Skandalisierung von Thilo Sarrazin

Hans Mathias KEPPLINGER

Die Diskussion um Thilo Sarrazins Buch „Deutschland schafft sich ab" begann am 23. August mit einem Vorabdruck von Teilen im *Spiegel* und der aus dem Buch abgeleiteten Schlagzeile von *Bild* „Deutschland wird immer ärmer und dümmer". Zunächst verlief sie ähnlich wie die üblichen Skandalisierungen. Beispiele hierfür sind die Angriffe auf Ernst Nolte und Andreas Hillgruber im Historikerstreit, auf Martin Walser wegen seiner Rede anlässlich der Verleihung des Friedenspreises des Deutschen Buchhandels, auf Friedrich Merz wegen seiner Forderung nach der Anpassung an die deutsche Leitkultur. Typisch ist die weitgehende Tabuisierung der Sachdiskussion durch die Personalisierung der Angriffe. Dies geschieht durch die intellektuelle und moralische Diskreditierung der skandalisierten Personen. Mit moralischen Versagern und intellektuellen Nieten muss man nicht, darf man nicht diskutieren. Wesentliche Gründe für die Tabuisierung sind die Eigeninteressen der Skandalisierer – vor allem die Wahrung ihres Selbstbildes, die Verteidigung ihrer Deutungshoheit und die Verschleierung eigener Fehler und Versäumnisse. Dabei geht es oft auch um politische Macht und ökonomische Interessen.

Den latenten Hintergrund der Skandalisierung von aktuellen Aktionen bilden meist relativ dauerhafte Strukturen. Dazu gehört im vorliegenden Fall die Vision einer multikulturellen Gesellschaft, die ihrerseits einhergeht mit dem Verlangen nach der

Auflösung der durch das Dritte Reich diskreditierten nationalen Identität. Die latenten Hintergründe sind eine Ursache der Hemmungslosigkeit vieler Angriffe auf die Skandalisierten, die zuweilen in einem grotesken Missverhältnis zur Bedeutung der kontroversen Sache stehen und aus ihr alleine nicht erklärt werden können. Die aktuellen Anlässe der Skandalisierung sind deshalb oft nur der Kristallisationskern von viel weiter reichenden Interessen- und Wertkonflikten. Gegen Sarrazin wurde, wie in solchen Fällen üblich, ein breites Spektrum von herabsetzenden Behauptungen vorgebracht:

- Seine Art der Argumentation beruht auf einem Persönlichkeitsdefekt – kann nicht anders, muss polemisieren und polarisieren;
- seine öffentlichen Auftritte haben vor allem ökonomische Gründe – will den Verkauf seines Buches ankurbeln;
- er ist ein Sozialschädling – spaltet die Gesellschaft;
- er ist ein Rassist – erklärt Unterschiede zwischen Menschen mit ihrer Zugehörigkeit zu Ethnien;
- er ist ein Antisemit – redet über jüdische Gene;
- er ist ein Sozialdarwinist – propagiert die Steuerung des demographischen Wandels nach Nützlichkeitsgesichtspunkten;
- er ist ein Rechtsradikaler – sollte in die NPD eintreten;
- er hat keine Ahnung – kennt den Stand der Wissenschaft nicht;
- er ist ein Wichtigtuer – wiederholt bekannte Tatsachen auf verletzende Weise.

Aufgrund der Vorwürfe gegen Sarrazin entwickelten sich im Laufe der Zeit aus dem ursprünglichen Anlass mehrere Subthemen, die z. T. durch die erwähnten Behauptungen etabliert wurden. Es entstanden Diskussionen um die Rolle des Islam als Religion, der Muslime in Deutschland, den latenten und manifesten Rassismus usw. Die beiden wichtigsten und, wie sich zeigen sollte, für den weiteren Verlauf entscheidenden Subthemen waren der angebliche Antisemitismus Sarrazins sowie die Bedeutung der Diskussion seiner Thesen für die Meinungsfreiheit.

Ein wesentliches Ziel der intellektuellen und moralischen Diskreditierung der Skandalisierten ist ihre soziale Isolation. Sie ist dann erreicht, wenn aus Angst vor der eigenen Isolation niemand mehr die Skandalisierten öffentlich verteidigt. Die entscheidenden Mittel hierzu waren im Fall Sarrazin neben den erwähnten Vorwürfen die Behauptung, er sei isoliert, sowie seine Isolation bei Auftritten im Fernsehen. Ein Beispiel für die erste Vorgehensweise ist ein Kommentar von Friedrich Roeingh am 3. September in der *Rhein Main Presse* mit folgender Empfehlung: „Die richtige Antwort auf seine (Sarrazins) rhetorischen Entgleisungen liegt in der geschlossenen Distanzierung durch die komplette politische Klasse und durch alle seriösen Medien.“ Einen Beleg dafür enthielt eine umfangreiche Dokumentation ablehnender Stellungnahmen von Berliner Politikern durch Günter Bannas in der *FAZ* vom gleichen Tag, die in die Behauptung mündete, Zuspruch erhalte Sarrazin in Berlin „nur von solchen Politikern, die ... in der Bundesregierung nicht ernst genommen werden“.

Beispiele für die zweite Vorgehensweise lieferte die Zusammensetzung der Gäste in der *ARD*-Sendung „Beckmann“ am 30. August und in der *ARD*-Sendung „hart aber fair“ am 1. September. Beckmann konfrontierte Sarrazin mit sechs Kritikern, Plasberg konterkarierte Sarrazins abstrakte Statistiken durch mehrere Personen im Studio, die anschauliche Beispiele gelungener Integration gaben. Einen ähnlich eindringlichen Beleg für Sarrazins Behauptungen über den Mangel an Integration sah man nicht. Die Tatsache, dass Sarrazin bei Beckmann einen Anwesenden mit falschem Namen angesprochen hatte, nutzte Nils Minkmar in der *FAZ* am Tag darauf zu folgender Glossierung: „Özdag, Özkan, das özt doch egal. Spätestens da fragt man sich, ob Thilo

Sarrazin mit seinem xenophoben Altmänner-Gemecker nicht einfach eine Figur von Wolfgang Menge ist" – was explizit heißt: Er ist keiner von uns, er ist eine Fiktion. Einen Höhepunkt der Skandalisierung bildete am 1. September[1] Frank Schirrmachers Leitartikel in der *FAZ* „Sarrazins drittes Buch". Darin kritisierte er Sarrazin auch und mit besonderer Schärfe für das, was er nicht geschrieben hat, aber angeblich meint. Laut Schirrmacher

– präsentiert Sarrazin „vulgärdarwinistische Gesellschaftstheorien", als „seien sie Erkenntnisse von heute";
– ist es „schlichtweg unseriös, wie fahrlässig er mit seinen Quellen umgeht";
– meint Sarrazin mit seinen Äußerungen zur negativen Selektion „faktisch ‚Entartung' – daran kann kein Zweifel bestehen –, aber er nennt das Wort nicht";
– „täuscht" Sarrazin die Leser seines Buches über dessen „Grundlagen";
– „weiß" Sarrazin um die Täuschung seiner Leser durch das Verschweigen des Begriffs „Entartung": Warum sonst sollte er „so großen Wert auf den seitenlang ausgebreiteten Hinweis (legen), dass Intelligenztests von Juden erfunden wurden?";
– scheint es, „als habe ein Lektor alle ‚anstößigen', aber historisch zutreffenden Begriffe aus dem Buch verbannt, damit die Botschaft an den Kunden gebracht werden kann";
– erfüllt das „den Tatbestand der Irreführung".

Beeindruckt von der bereits vor dem Erscheinen des Buches einsetzenden Skandalisierung Sarrazins durch zahlreiche Journalisten und Politiker und im Vertrauen auf den üblichen Verlauf solcher Kampagnen, die damit enden, dass der Skandalisierte mundtot gemacht wird, hatte Bundeskanzlerin Merkel bereits früh die Thesen Sarrazins in der *ARD* als „vollkommen inakzeptabel" bezeichnet und erklärt, in der Bundesbank müsse über die „Personalie Sarrazin" gesprochen werden.[2] Bundespräsident Wulff sagte wenige Tage darauf gegenüber *N24*, er glaube, „dass jetzt der Vorstand der Deutschen Bundesbank schon einiges tun kann, damit die Diskussion Deutschland nicht schadet".[3] Die Äußerungen von Merkel und Wulff, die vermutlich auf einer falschen Einschätzung der Kommunikation beruhten, besaßen reale Folgen. Der Präsident der Bundesbank Axel Weber erschien nun, wenn er tat, was er wohl ohnehin tun wollte, als Erfüllungsgehilfe Merkels. Der in langen Jahren erworbene Ruf der Bundesbank als politisch unabhängige Einrichtung ist nachhaltig beschädigt, und der Bundespräsident muss froh sein, dass Sarrazin sein Amt freiwillig aufgab, weil seine Unterschrift unter das Entlassungsgesuch der Bundesbank aufgrund seiner Parteinahme rechtlich kaum Bestand gehabt hätte.[4] Merkel und Wulff haben mit ihren auf positive Medienresonanz zielenden Äußerungen genau das Gegenteil dessen erreicht, was sie angeblich erreichen wollten und mit einem diskreten Anruf bei Weber vermutlich erreicht hätten – die Deutsche Bundesbank vor Schaden zu bewahren. Zugleich haben sie ein anschauliches Beispiel für die negativen Folgen der Mediatisierung der Politik geliefert – ihrer Anpassung an die (vermeintlichen) Erfolgsbedingungen der Medien.

Sarrazin sagte bei der Bekanntgabe seines Rücktritts, er habe 70 Prozent der publizierten Meinungen gegen sich gehabt. Das könne niemand aushalten.[5] Die Einschätzung der Meinungsverteilung in den Medien ist vermutlich falsch und übertrieben. Zudem wurde er, im Unterschied zu vielen anderen Skandalisierten, von prominenten Autoren in bedeutenden Medien unterstützt. Dazu gehörten Necla Kelek in der *Frankfurter Allgemeinen Zeitung*, Henryk M. Broder im *Spiegel* und Ralph Giordano in der *Welt am Sonntag*. Trotzdem ist seine Feststellung, das könne auf Dauer niemand aushalten, nachvollziehbar. Die Protagonisten negativer

Medienberichte sind auch dann massiven psychischen und sozialen Belastungen ausgesetzt, wenn sie im Vergleich zu Sarrazin relativ selten angegriffen werden. Dies gilt für Richter und Staatsanwälte, Politiker und Unternehmenssprecher, für Menschen mit und ohne Medienerfahrung.[6] Aus ihrer Sicht verschweigen die Medien genau das, was ihnen besonders wichtig ist, oder spielen es herunter. Zahlreiche Berichte und Kommentare über Sarrazin belegen die Richtigkeit dieser Klage. Die Vernachlässigung dessen, was die Protagonisten für wichtig halten, ruft bei ihnen starke und dauerhafte Emotionen hervor – vor allem Ärger und das Gefühl der Hilflosigkeit, weil es keinen Anspruch auf die Darstellung ihrer Sichtweise gibt und weil sie auch dann nicht alle erreichen könnten, die die Angriffe verfolgt haben, wenn ihnen einzelne Medien – wie im Falle Sarrazin geschehen – die Möglichkeit dazu geben.

Die Protagonisten negativer Medienberichte beobachten, dass die Kritik an ihnen das Verhalten der Menschen in ihrer Umgebung beeinflusst. Sie fühlen sich z. B. durch Fragen gequält und werden mit Vorwürfen konfrontiert. Zudem vermuten sie, dass die negativen Medienberichte vor allem die Meinungen der Menschen beeinflussen, die sie nicht persönlich kennen und denen sie sich nicht erklären können. Das alles verstärkt den Ärger und das Gefühl der Hilflosigkeit, weil sie sich einer nicht fassbaren Ablehnung ausgesetzt sehen. Dabei handelt es sich nicht um kurzzeitige Reaktionen, die schnell wieder verschwinden. Vielmehr klagen zwei Drittel der Personen, die sich beim Deutschen Presserat über mehr oder weniger massive Kritik an ihrer Person beschwert haben, auch noch ein Vierteljahr nach der Veröffentlichung darüber, dass ihnen die Sache immer noch nachgeht. Dies gilt für Medienerfahrene in ähnlichem Maße wie für solche, über die zum ersten Mal berichtet wurde.

Skandale im engeren, sozialwissenschaftlichen Sinn, sind dadurch gekennzeichnet, dass alle Interessierten auch dann glauben, sie wüssten genau über die skandalisierten Sachverhalte Bescheid, wenn sie kaum etwas wissen, und dass sie das Verhalten der (vermeintlichen) Urheber empörend finden, weil sie überzeugt sind, dass sie aus niederen Motiven gehandelt haben. In Skandalen geht es nicht mehr um die Bewertung des Handelns, sondern nur noch um die Exekution der einhelligen, emotionsgeladenen Urteile – die Ausschaltung der Skandalisierten. Schirrmachers massive und vielschichtige Skandalisierung führte im Unterschied zu früheren Fällen, etwa der Interpretation des satirischen Romans „Tod eines Kritikers“ von Martin Walser als antisemitisch und der Charakterisierung des Autors als Antisemit, nicht zu einem Skandal in diesem Sinn, sondern mündete in einen publizistischen Konflikt, in dem sich in der Öffentlichkeit zwei ähnlich starke Lager mit unterschiedlichen Sichtweisen gegenüberstanden.[7] Dies hatte sechs Gründe.

Der erste Grund bestand darin, dass von Beginn an eine Reihe von bedeutenden Journalisten und Publizisten Sarrazin verteidigte. Dies kommt bei Skandalisierungen immer wieder vor und ist eine notwendige, allerdings keine hinreichende Voraussetzung dafür, dass aus einem Skandalisierungsversuch kein Skandal im engeren Sinn, sondern ein publizistischer Konflikt wird. Hinzukommen müssen, wie im Fall Sarrazin geschehen, andere Gründe. Der zweite Grund war die Meinung der Bevölkerung. Sarrazins Buch stand beim Online-Buchhändler Amazon aufgrund der vielen Vorbestellungen bereits vor seinem Erscheinen auf Platz 1 der Verkaufsliste. Fast zwei Drittel der Bevölkerung war nach einer Umfrage des Instituts für Demoskopie Allensbach der Meinung, Sarrazin spreche „viele Dinge an, die im Großen und Ganzen zutreffen“. Und im Urteil über Sarrazins These, die deutsche

Gesellschaft werde „auf natürlichem Wege durchschnittlich dümmer", standen sich mit 35 Prozent Zustimmung und 38 Prozent Ablehnung zwei gleich große Lager gegenüber.[8]

Der dritte Grund waren die Reaktionen des Publikums gegenüber den Redaktionen. Einige Zeitungen wurden nach negativen Beiträgen über Sarrazins Thesen von kritischen Leserbriefen geradezu überschwemmt und machten Sonderseiten daraus. Nach dem Aufritt von Sarrazin in der Sendung „hart aber fair" stimmten – trotz der unfairen Bedingungen für Sarrazin – 84 Prozent der Zuschauer, die ihre Meinung äußerten, den Thesen Sarrazins zu. Die meisten Redakteure hatten so etwas noch nie erlebt, und die massive Kritik gefährdete zudem, weil sie von der eigenen Zielgruppe kam, ihre persönlichen Interessen. Der vierte Grund waren die Reaktionen mehrerer Juden auf den Vorwurf, Sarrazin sei ein Antisemit, weil er in einem Interview von einem „jüdischen Gen" gesprochen hatte. Dazu erklärte Chaim Noll am 4. September in der *FAZ*, nach dem jüdischen Religionsgesetz sei „Judesein zum Teil genetisch definiert". In Israel bestehe kein „Tabu, jüdische Identität mit Genetik in Zusammenhang zu bringen". Vielmehr würden entsprechende Forschungen intensiv diskutiert. Durch diese und ähnliche Äußerungen war ein bisher erfolgreiches Killerargument wertlos.[9]

Der fünfte Grund waren mehrere fachwissenschaftliche Stellungnahmen zu Sarrazins Analysen und Folgerungen. Eine zentrale Rolle spielte dabei der ganzseitige Artikel „Was ist dran an Sarrazins Thesen?" der Psychologen Heiner Rindermann und Detlef Rost am 7. September in der *FAZ*. Er mündet in das Fazit: „Sarrazins Thesen sind, was die psychologischen Aspekte betrifft, im Großen und Ganzen mit dem Kenntnisstand der modernen psychologischen Forschung vereinbar (. . .) Massive Fehlinterpretationen haben wir . . . nicht gefunden."[10] Mit dieser und einigen weiteren Stellungnahmen brach der Vorwurf der Unhaltbarkeit von Sarrazins Thesen zusammen.[11] Der sechste und vermutlich entscheidende Grund für das Scheitern des Skandalisierungsversuchs war der Themenwechsel von der Diskussion der Thesen Sarrazins zur Diskussion der Meinungsfreiheit in Deutschland. Diesen Aspekt hatte *Bild* schon am 1. September angesprochen und am 4. September auf drei Seiten zum zentralen Thema gemacht. Die eigentliche Wende markierten jedoch drei kurz aufeinander folgende Leitartikel.

Berthold Kohler warf am 10. September in der *FAZ* die Frage auf: „Was darf man in dieser Republik sagen und schreiben, ohne die mitunter bis zur Existenzgefährdung reichende ‚Menschenverachtung' zu erfahren, die Sarrazins Kritiker nur bei ihm erkennen können?" Und er konstatierte: „Einem Teil der Eliten dieses Landes scheint das Wissen abhanden gekommen zu sein, dass die für die Demokratie konstitutive Meinungsfreiheit nicht nur für Meinungen gilt, die von der Kanzlerin als hilfreich und von besonders klugen Kolumnisten als diskussionswürdig und dem gerade geltenden Stand der Wissenschaft entsprechend angesehen werden, sondern auch für falsche, verwerfliche und abwertende Äußerungen bis an die Grenze anderer, von der Verfassung garantierter Rechtsgüter."

Volker Zastrow ging am 12. September in der *Frankfurter Sonntagszeitung* auf unsaubere Tricks der Meinungsmacher ein. Er stellte die Frage, warum einige Kritiker Sarrazins es „unerträglich" fanden, wie er die Welt beschreibt, und nannte mehrere Gründe: „Weil sie nicht so ist? Oder weil man es nicht aushält, dass sie so ist? Oder weil sie nicht so sein darf? (. . .) Weil daraus falsche Schlüsse gezogen werden könnten? Welche denn? Wer zog sie? Und darf man keine falschen Schlüsse ziehen? Wer zieht sie nicht?" Im Anschluss daran konstatierte er: „‚Ertragen' ist eines dieser Stichworte (. . .) von intellektuellen Lobbyisten, die totale Meinungskriege führen“, und folgerte: „Schon vor Jahrzehnten, am Bundestagspräsidenten Jenninger, wurde demonstriert, dass nicht zählt, was einer gemeint hat, sondern ob man es ihm erfolgreich verdrehen kann, gern bis ins Gegenteil über allen Anstand hinaus.“

Reinhard Müller schließlich nahm am 15. September in der *FAZ* ein Urteil des Bundesverfassungsgerichtes, wonach die Bundeszentrale für politische Bildung nicht das Recht hat darüber zu entscheiden, ob die Geschichtsinterpretation eines Politikwissenschaftlers diskussionswürdig ist oder nicht, zum Anlass für die Feststellung: „Wie viel Grundrechte in einer Gesellschaft wirklich wert sind, zeigt sich im Umgang mit den öffentlich Verfemten, mit denen, die als Spinner gelten oder welche sind (wer will das schon auseinanderhalten?), die sich mit ihren Äußerungen jenseits des allgemein akzeptierten Meinungsrinnsals bewegen.“ Dies gelte auch für Sarrazins Thesen. Wenn Oskar Gabriel sie für „Unsinn“ halte, von dem er sich distanziere, könne er das tun, „aber eben mit Argumenten oder Nichtbeachtung, aber nicht mit Verbot oder Ausschluss“. Dies führte ihn zu der generellen Folgerung: „Die Republik, das wussten schon die ersten Verfassungsschöpfer der Neuzeit, ist auf Meinung, auf Meinungsstreit gegründet.“[12]

Einige Tage darauf, am 19. September, setzte sich Schirrmacher in der *FAZ* in einem ganzseitigen Artikel an die Spitze dieser Bewegung, indem er den Blick von den Journalisten, die mit wohl überlegten Breitseiten die Kampagne gegen Sarrazin vor allem betrieben hatten, auf die Politiker lenkte. Seine zentrale These lautete: Es „geht bei der Sarrazin-Debatte im Kern mittlerweile um nichts anderes als um die Meinungsfreiheit; ein Kern, den die Politik durch ihr täppisches Verhalten selbst freigelegt hat.“ Tatsächlich ging es aber nicht nur und aus demokratietheoretischer Sicht nicht einmal primär um die Meinungsfreiheit Sarrazins oder anderer Personen des öffentlichen Lebens – was Schirrmacher nahelegte und Christian Geyer im gleichen Blatt sowie Heribert Prantl in der *SZ* explizit behaupteten. Es ging vielmehr, wie die massenhaften Buchbestellungen, die Publikumsreaktionen und die Umfrageergebnisse belegen, primär um die Meinungsfreiheit der Mehrheit bzw. einer sehr großen Minderheit der Bevölkerung, die nicht mehr gewagt hatte, ihre persönliche Sicht der Problematik öffentlich zu diskutieren.

Schirrmacher hatte mit seinem neuen Artikel die Reihen in der *FAZ* zumindest nach außen wieder geschlossen und aus seiner Sicht die Fronten zwischen Journalisten und Politikern geklärt – hier die Verteidiger der Meinungsfreiheit und dort ihre Feinde. Wenn es denn so einfach wäre. In modernen, liberalen Demokratien gehen die Gefahren für die Meinungsfreiheit nicht nur von der Politik aus, sondern auch von den Medien. Die Gründe hierfür liegen vor allem in den Meinungen im Journalismus, die erheblich von jenen in der Bevölkerung abweichen, gegen die sie sich normalerweise effektiv in Szene setzen;[13] in der wechselseitigen Orientierung der Journalisten aneinander und den damit einhergehenden Selbstgewissheiten der Meinungsführer; sowie in dem wachsenden Wettbewerb unter den Medien, der auch massive Übertreibungen zunehmend legitim erscheinen lässt. Eine Folge ist der bereits erwähnte Meinungsdruck auf Teile der Bevölkerung, die das Gefühl haben, ihre Meinung nicht mehr öffentlich aussprechen zu können, und deshalb lieber den Mund halten.[14] Eine weitere Folge ist der Meinungsdruck auf die Akteure in Politik, Wirtschaft, Wissenschaft und anderen Bereichen, der dazu führt, dass sie kontroverse Themen nicht oder nicht hinreichend deutlich artikulieren – bis Einzelne wie Sarrazin das Tabu brechen.

Nach den erwähnten Kommentaren und Expertenäußerungen sowie einer Reihe ähnlicher Beiträge, die die Bedeutung des Konfliktes für die Meinungsfreiheit in den Mittelpunkt stellten, war der Damm gebrochen. Nun war das Unsagbare sagbar geworden, und wer sich vorher nicht getraut hatte, preschte nun vor. Jetzt wurde Bundespräsident Wulff nicht mehr wegen seiner Kritik an Sarrazin kritisiert, sondern wegen seiner islamfreundlichen Rede beim Tag der Deutschen Einheit. Jetzt ging es nicht mehr um die Ausländerfeindlichkeit der Deutschen, sondern um die Deutschenfeindlichkeit von Ausländern. Und jetzt wurden als Kriterium für die Aufnahme in Deutschland nicht mehr die Interessen der Migranten, sondern der Deutschen diskutiert. Bedeutsamer als die Artikulation solcher Meinungen, die vor Sarrazin zur öffentlichen Ächtung geführt hätte, ist jedoch das Erlebnis, dass solche Meinungsumschwünge möglich sind. Die Diskussion der Sarrazin-Thesen ist deshalb ein Schlüsselereignis, dem in absehbarer Zeit ähnliche, wenn auch sachlich vielleicht weniger bedeutsame Umschwünge folgen könnten.

Bleibt die Frage, weshalb Sarrazin bereits frühzeitig von prominenten Journalisten, Publizisten und Medien unterstützt wurde, und warum sich deren Sichtweise am Ende durchgesetzt hat. Sie führt zur Bedeutung der Eigeninteressen der Beteiligten zurück. Letztlich ging es bei der Diskussion der Thesen Sarrazins nicht nur um die Interessen der Migranten, sondern auch um die Interessen der Medien, die in diesem Fall mit den Interessen der Mehrheit der Bevölkerung und den Prinzipien des Grundgesetzes übereinstimmten. Ihr Schutz war am Ende auch jenen, die Sarrazins Thesen nicht zustimmten, wichtiger als die Interessen der Migranten.

Anmerkungen

1 Das ursprüngliche Publikationsdatum wurde in *FAZ.NET* auf den 5. September geändert. Zugriff am 14.9.2010 unter http://www.faz.net/IN/INtemplates/faznet/default.asp?tpl=common/zwischenseite.asp&dox=E12EB39A-8CF6-E5D4-D211-89B42E5864AD&rub=26B658D1-2985-4FA4-AAC0-1A726777C753.

2 Vgl. „‚Vollkommen inakzeptabel'. Merkel bedrängt wegen Sarrazin die Bundesbank." In: *Handelsblatt.com* am 29.8.2010. Zugriff unter: http://www.handelsblatt.com/politik/deutschland/vollkommen-inakzeptabel-merkel-bedraengt-wegen-sarrazin-die-bundesbank;2644661.

3 Vgl. „Staatsaffäre Sarrazin." In: *Focus* vom 6.9.2010.

4 Vgl. Friedrich Schoch: Das letzte Mittel. In: *FAZ* vom 9. September 2010.

5 Vgl. Michael Müller: „Das hält keiner aus." In: *FAZ* vom 30.8.2010.

6 Vgl. zum Folgenden die empirischen Untersuchungen in Hans Mathias Kepplinger: Medieneffekte. Wiesbaden 2010, S. 135–217.

7 Zu den Unterschieden zwischen Skandalen und publizistischen Konflikten siehe Hans Mathias Kepplinger: Publizistische Konflikte und Skandale. Wiesbaden 2009.

8 Vgl. Ursula Rüssmann: „Eine Überdosis Sarrazin." In: *FR-Online.de* am 30.9.2010. Zugriff unter: http://www.fr-online.de/politik/eine-ueberdosis-sarrazin/-/1472596/4692338/-/index.html.

9 Ähnlich äußerte sich Henryk M. Broder mit einem spöttischen Unterton. Vgl. Henryk M. Broder: „Thilo und die Gene. Streitfall Sarrazin: Haben eigentlich alle dasselbe Zeug gekifft?" In: *Der Spiegel* vom 6.9.2010. Siehe auch S. 203 in diesem Band.

10 Siehe S. 77 in diesem Band.

11 Zu erwähnen ist der Beitrag des Soziologen Erich Weede über „Demographie, Intelligenz und Zuwanderung". Siehe S. 57 in diesem Band.

12 Vgl. hierzu auch Robert B. Goldmann: „Unter Wortwächtern." In: *FAZ* vom 16.10.2010.

13 In keinem europäischen Land wird über fremdenfeindliche Vorfälle auch nur annähernd so intensiv berichtet wie in Deutschland, obwohl Fremdenfeindlichkeit in anderen Ländern z. T. erheblich weiter verbreitet ist als hier. Vgl. Frank Esser, Bertram Scheufele, Hans-Bernd Brosius: Fremdenfeindlichkeit als Medienthema und Medienwirkung. Deutschland im internationalen Scheinwerferlicht. Wiesbaden 2002, S. 200 ff., 224 ff.

[14] Vgl. hierzu Elisabeth Noelle-Neumann: Die Schweigespirale. 6. Auflage. München 2001.

4. Schmeißt Buschkowsky aus der SPD!

Mathias BRODKORB

Nahezu einmütig hat die SPD-Spitze den Parteiausschluss von Thilo Sarrazin beantragt. Einen solchen Mann könne die älteste deutsche Partei nämlich nicht „in ihren Reihen" dulden, so SPD-Vorsitzender Sigmar Gabriel in der „Zeit".[1] Wäre Gabriel konsequent, müsste er allerdings noch ganz anderen SPD-Mitgliedern den Stuhl vor die Tür stellen.

Da wäre zum Beispiel Heinz Buschkowsky (SPD). Er ist seines Zeichens Bezirksbürgermeister in Berlin-Neukölln und dürfte sich mindestens zu 80 Prozent mit Thilo Sarrazin inhaltlich ganz fabelhaft verstehen. Beweise gefällig? Als die Hornissen-Koalition auf Bundesebene auf die Idee kam, ein so genanntes „Betreuungsgeld" an jene Familien auszureichen, die Krippe und Kita nicht in Anspruch nehmen, schlug Buschkowsky in einem Interview mit dem „Tagesspiegel" Alarm: „In der deutschen Unterschicht wird es versoffen und in der migrantischen Unterschicht kommt die Oma aus der Heimat zum Erziehen, wenn überhaupt."[2] Ein weiteres Beispiel gefällig? In einem Interview mit dem „Kölner Stadtanzeiger" widersprach er bereits im Juli 2010 der jüngst geäußerten These des Bundespräsidenten Wulff, dass der Islam zu Deutschland gehöre: „Der Islam ist in seiner orthodoxen und traditionell ursprünglichen Form mit einer modernen Verfassung nicht in Einklang zu bringen, weil er die Trennung von Staat und Religion nicht akzeptiert. Die alevitische Lesart und Lebensweise des Islam setzt da schon andere Maßstäbe."[3] Und schon im

Jahre 2004 hatte Buschkowsky darüber hinaus im „Tagesspiegel" „Multikulti" für „gescheitert" erklärt.[4]

Kein Wunder also, dass Buschkowsky in der SPD alles andere als beliebt ist – auch deshalb, weil er im Jahr 2005 den Unberührbaren von der rechtskonservativen Wochenzeitung „Junge Freiheit" (JF) ein Interview gegeben hatte, was nach jüngerer SPD-Beschlusslage streng verboten ist. Das hinderte die gute alte Tante SPD allerdings nicht daran, ausgerechnet ihn in diesem Jahr mit dem Gustav-Heinemann-Bürgerpreis auszuzeichnen. Sigmar Gabriel, der die Laudatio hielt, nannte Buschkowsky einen „sozialdemokratischen Schatz", weiß das SPD-Blatt „Vorwärts" zu berichten.[5] Gabriel lobte am Geehrten, dass dieser dort arbeite, „wo es nicht nur gelegentlich Probleme gibt". Es fällt daher schwer, die von Gunnar Schupelius am 8. April 2010 in der „Berliner Zeitung" geäußerte Kritik für völlig substanzlos zu erklären: „Im Juli 2008 sorgten SPD-Politiker dafür, dass Buschkowsky nicht im Berliner Abgeordnetenhaus sprechen durfte. (...) Bis heute darf Buschkowsky nicht im Parlament sprechen, innerhalb der SPD wird er massiv geschnitten, wenn er die Wahrheit sagt. Schon vor zwei Jahren bat er seine Partei darum, zur Kenntnis zu nehmen, dass 90 Prozent der 162 schlimmsten Verbrecher in Neukölln („Intensiv-Täter") „Migranten" seien. (...) Man wischt Buschkowsky vom Tisch und hängt ihm gleichzeitig eine Medaille um den Hals. Wie unehrlich ist denn das!"[6]

Nun müsste die SPD-Spitze seit Neuestem eigentlich zu ihren Gunsten ins Feld führen, dass der Unterschied zwischen Sarrazin und Buschkowsky eben der sei, dass sich Letzterer immerhin nicht als Eugeniker bezeichnen lassen müsse. Den Vorwurf der Eugenik[7] hatte Gabriel nämlich gegenüber Sarrazin Mitte September 2010 in der „Zeit" lanciert und auf dem folgenden SPD-Bundesparteitag zur zentralen Argumentationsstrategie der Parteispitze ausgebaut. Warum genau soll Sarrazin nun ein Eugeniker sein? Gabriel leitet diesen Vorwurf wie folgt her: „Da Bildungsanstrengungen die vorgegebene Intelligenz ganzer Bevölkerungsgruppen, Religionsgemeinschaften oder Völker für Sarrazin nur ‚akzentuieren' können, sieht er es als staatliche Aufgabe (!!!) an, in das Geburtenverhalten schichtenspezifisch einzugreifen. Und zwar nach einer ganz einfachen Formel: Oben = gut → mehr davon. Unten = schlecht → weniger davon." „Hohe staatliche Gebärprämien" für bestimmte Akademikerinnen auszuloben, hält Gabriel einfach nur für „absurd" und führt weiter aus: „Und die Definition der zu fördernden Gruppe oder Schicht ist nach Sarrazins Auffassung die Aufgabe der Politik. Welch ein Wahnsinn! Spätestens jetzt ist klar: Thilo Sarrazin führt keine Integrations-, sondern eine Selektionsdebatte" – mit eugenischem Anstrich, dem gemäß „neues Leben nur aus erwünschten Gruppen" hervorgehen solle.

Wenn Gabriel das alles ernst meinte, müsste allerdings auch der „sozialdemokratische Schatz" ein ernsthaftes Problem haben. Denn Buschkowsky erklärte auf die Frage, ob denn nicht auch „mehr und mehr deutsche Eltern (. . .) mit der Erziehung ihrer Kinder überfordert" seien: „Aber in den Migrantenmilieus ist die Bildungsferne noch ausgeprägter." Auch Buschkowsky droht so dem Eugenik-Verdikt unterworfen zu werden, weil man ja daraus immerhin schlussfolgern könnte, dass ihm Kinder aus bildungsnahen „deutschen" Schichten lieber wären als solche aus bildungsfernen „migrantischen" Schichten. Sein einziger Rettungsanker: Zur Lösung dieses Problems, wenn es denn richtig beschrieben ist, bleiben zwei Möglichkeiten, nämlich die Beförderung von Geburten in Schichten mit höherem Bildungsabschluss sowie verstärkte Anstrengungen zur Bildungsintegration unterer Schichten – übrigens ganz unabhängig von ihrer „ethnischen" Herkunft.

Da in der Tat hinsichtlich der Wirksamkeit Letzterer unterschiedliche Auffassungen zwischen Sarrazin und Buschkowsky zu bestehen scheinen, hat der Neuköllner Bürgermeister so gesehen noch einmal Glück gehabt.

Kein Glück hat in derselben Sache allerdings die gesamte SPD. Denn es war die Sozialdemokratie, die unter Führung der ehemaligen Bundesfamilienministerin Renate Schmidt im Jahre 2005 das Elterngeld „erfand“. Die Zielstellung war bereits damals eine doppelte: einerseits die weitere Verbesserung der Vereinbarkeit von Beruf und Familie, andererseits aber auch die deutliche Anhebung der Geburtenrate in Akademikerfamilien. Zu diesem Ziel bekannte sich Renate Schmidt noch im Jahre 2009 in einem Vortrag bei der Volkshochschule Pforzheim. Sie beschrieb den auch heute noch bestehenden Problemhorizont wie folgt: „Das Fatale (!!!, M.B.) ist, dass die Zahl der Kinder abnimmt, je höher der Bildungsstand ist, und dass die Kinderlosigkeit bei Akademikerinnen signifikant höher ist als bei Nichtakademikerinnen.“[8] Mit anderen Worten: Mit dem Elterngeld wurde von Beginn an das bevölkerungspolitische (!) Ziel verfolgt, „in das Geburtenverhalten schichtenspezifisch einzugreifen“ – also genau das zu tun, was der SPD-Vorsitzende Gabriel dem Bundesbanker Sarrazin als „Eugenik“ vorwirft. Die von Gabriel als „absurd“ und „eugenisch“ titulierte „Gebärprämie“ für Akademikerinnen ist ebenfalls genau das, was die SPD gemeinsam mit der CDU unter dem Namen „Elterngeld“ eingeführt hat. Zur Erinnerung: Eltern aus sozial schwachen Schichten können statt früher 24 Monate maximal 14 Monate lang jeweils mit 300 Euro rechnen, Eltern aus sozial besser gestellten Schichten mit bis zu 1.800 Euro monatlich. Da sozialer und Bildungshintergrund in Deutschland eng miteinander korrelieren, fällt die Kopfprämie für Kinder aus sozial besser gestellten Schichten und/oder solchen mit höherem Bildungsabschluss also um 21.000 Euro höher aus als diejenige für sozial schlechter gestellte Schichten und/oder solche mit niedrigerem Bildungsabschluss. Nach Gabriels Logik wäre allerdings auch das eugenische Bevölkerungspolitik. Mit der jüngsten Abschaffung des Elterngeldes für Hartz-IV-Bezieher durch die Bundesregierung wird dieser schichtenspezifische Eingriff in das Geburtenverhalten nochmals intensiver.

Renate Schmidt wurde in ihrem Vortrag noch deutlicher: „Das heißt, in so genannten bildungsnahen Gesellschaftsgruppen gibt es immer weniger Kinder, in bildungsfernen mehr. Dies hat natürlich auf den Bildungsstand der Gesamtbevölkerung, wenn wir nicht die Kinder aus bildungsfernen Schichten deutlich besser fördern, erhebliche Auswirkungen." Von Sarrazins These, dass Deutschland immer dümmer werde, ist das kaum noch zu unterscheiden: „Wir werden auf natürlichem Wege durchschnittlich dümmer", denn es gebe „eine unterschiedliche Vermehrung von Bevölkerungsgruppen mit unterschiedlicher Intelligenz."[9] Hieraus abgeleitet fordert Sarrazin ja auch eine massive Aufwertung von Bildung für die Kleinsten. Somit erfüllt also zumindest Ex-Bundesministerin Renate Schmidt alle wichtigen Kriterien für einen SPD-Rausschmiss à la Sarrazin. Dies gilt übrigens auch für jene Bundestagsabgeordneten, die damals dem Elterngeld zugestimmt haben. Überflüssig zu betonen, dass hierzu auch Gabriel selbst zählt.

Angesichts derartiger Paradoxien kommt man ins Grübeln. Kann es wirklich sein, dass Gabriel all diese Widersprüche nicht mehr bemerkt? Das ist mehr als unwahrscheinlich, dafür ist er viel zu erfahren und zu klug. Wahrscheinlicher hingegen scheint, dass die äußerlich so wankelmütig und unstet wirkende Verhaltensweise Teil einer durchaus gerissenen Strategie zur Paralysierung des linken SPD-Flügels ist. Seitdem Gabriel zum Feldzug gegen Sarrazin geblasen hat, hat sich die SPD-Linke einmütig und begeistert hinter dem neuen Vorsitzenden vereint. Nur wenige Wochen nach Beginn der Sarrazin-Debatte schwenkte Gabriel jedoch um. Plötzlich sprach er von „deutscher Leitkultur".[10] Eine Wortwahl, die – man erinnert sich kaum daran – CDU-Politikern vor wenigen Jahren seitens der SPD noch den Rassismus-Vorwurf eingebracht hat. Zugleich forderte er, den Zuzug ausländischer Fachkräfte zu bremsen[11] und integrationsunwillige Ausländer abzuschieben[12] – für Sozialdemokraten ein Tabubruch. Und? Was passierte? Nichts. Die SPD-Linke schwieg. Was hätte sie auch tun sollen? Etwa Gabriel von hinten in die Beine grätschen? Der SPD-Bundesvorsitzende hat damit die SPD-Linke erfolgreich an der Nase herumgeführt und im Windschatten der Sarrazin-Debatte eine gesellschaftspolitische Rechtswende der SPD eingeleitet. Wer bist du, SPD?

Anmerkungen

1 http://www.zeit.de/2010/38/SPD-Sigmar-Gabriel

2 http://www.tagesspiegel.de/berlin/landespolitik/das-ist-zynismus-pur/1622398.html

3 http://www.ksta.de/html/artikel/1278663542563.shtml

4 http://www.tagesspiegel.de/berlin/neukoellns-buergermeister-multi-kulti-ist-gescheitert/562396.html

5 http://www.vorwaerts.de/artikel/ein-sozialdemokratischer-schatz

6 http://www.bz-berlin.de/aktuell/berlin/auszeichnung-fuer-heinz-buschkowsky-article799530.html

7 Anmerkung des Herausgebers: Siehe dazu S. 77 ff, 97 ff, 101 ff.

8 http://www.katja-mast.de/index.php?nr=27170&menu=1

9 http://www.spiegel.de/politik/deutschland/0,1518,700031,00.html

10 http://www.rp-online.de/politik/deutschland/Gabriel-Sarrazin-missachtet-deutsche-Leitkultur_aid_903827.html

11 http://de.reuters.com/article/topNews/idDEBEE69O02R20101025

12 http://derstandard.at/1284594739679/SPD-Chef-will-Integrationsunwillige-abschieben

5. Sarrazin und die Verletzung der Meinungsfreiheit

Markus PORSCHE-LUDWIG

I. Artikel 5 Absatz 1 GG

Ausgangspunkt ist Artikel 5 Absatz 1 Satz 1 des Grundgesetzes (GG). Er schützt die freie Meinung. „Meinungen sind durch die subjektive Beziehung des Einzelnen zum Inhalt seiner Aussage geprägt (...). Für sie ist das Element der Stellungnahme und des Dafürhaltens kennzeichnend.“[1] Ob diese Meinung „begründet oder grundlos, emotional oder rational ist, als wertvoll oder wertlos, gefährlich oder harmlos eingeschätzt wird“[2], spielt dabei für deren Schutzwürdigkeit keine Rolle.

Vom Schutz des Artikels 5 Absatz 1 GG ausgeschlossen sind jedoch falsche Tatsachenbehauptungen. Das Bundesverfassungsgericht (BVerfG) grenzt die persönlich-subjektive Meinung von der persönlich-objektiven Tatsachenbehauptung ab. Bei den Tatsachenbehauptungen stehen „die objektive Beziehung zwischen der Äußerung und der Realität im Vordergrund“. Sie fallen nur dann in den Schutzbereich des Artikels 5 Absatz 1 Satz 1 GG, wenn sie „Voraussetzung für die Bildung von Meinungen sind (...) die bewusst oder erwiesen unwahre Tatsachenbehauptung (wird) nicht vom Schutz der Meinungsfreiheit umfasst“[3]. Es handelt sich bei der Tatsachenbehauptung um einen objektiv überprüfbaren Sachverhalt. Es muss daher stets der Wahrheitsgehalt der Aussage mit berücksichtigt werden. Dennoch darf nach Ansicht des BVerfG die Anforderung an die Wahrheitspflicht nicht übersteigert werden. So wurde einerseits die bewusste Behauptung von falschen Tatsachen nicht unter den Schutz des Artikels 5 Absatz 1 GG gestellt, hingegen die fahrlässige Behauptung vom Grundrechtsschutz gedeckt wurde.[4] Die Abgrenzung von Tatsachenbehauptung und Meinungsäußerung ist oftmals nicht leicht zu vollziehen. Das räumt auch das BVerfG ein. In einem solchen Fall muss eine Äußerung, die aus einem wertenden und einem tatsachenbehauptenden Element besteht, in toto als Meinungsäußerung aufgefasst werden, sofern durch eine isolierte Betrachtung einzelner Teile der Aussagen der eigentliche Sinn der Aussage verstellt wird. Dadurch erhält sie dann auch den vollen Schutz der Meinungsäußerungsfreiheit. Dadurch wird deutlich, dass der Begriff der „Meinung" weit zu fassen ist.

Sarrazin könnte mit der Äußerung der folgenden Thesen falsche Tatsachen behauptet haben, was ihm nachgewiesen werden muss.

1. Die „Juden-Gen-These". Demnach teilten alle Juden ein bestimmtes Gen, Basken hätten bestimmte Gene, die sie von anderen unterschieden.[5] Streng wissenschaftlich betrachtet ist dieser Satz „falsch". Konvertiert etwa ein Christ nachträglich zum Judentum, so ändern sich dadurch freilich nicht seine Gene. Es muss aber auch gesehen werden, dass sich Juden über einen langen Zeitraum hinweg mit Juden paarten, ersichtlich etwa durch sehr häufig bei Juden auftretende Erbkrankheiten. So haben auch neuere DNA-Analysen gezeigt, dass heute lebende Juden mehrheitlich einen bestimmten Gen-Pool haben.[6] Dabei wird in entsprechenden wissenschaftlichen Arbeiten allgemein nicht – wie bei Sarrazin – von einem gemeinsa-

men „Gen“, sondern vielmehr von einer gemeinsamen „Gen-Struktur“ in der DNA gesprochen.

2. Die so genannte „Verdummungsthese“. Hier geht es um die Aussage Sarrazins, Intelligenz sei zu zwischen 50 und 80 % erblich, viele Ausländer in Deutschland kämen aus bildungsfernen Schichten und aufgrund der hohen Geburtenrate von Ausländern verdumme Deutschland.[7] Es wird Sarrazin vorgeworfen, er vermische „Halbwahrheiten“ mit „Unsinn“. Er stütze das Programm der Eugenik, die im 19. Jahrhundert von Francis Galton erfunden wurde: „Mehr Kinder von den Klugen, bevor es zu spät ist“.[8] Sarrazins Rückgriff auf Theoretiker des 19. Jahrhundert durchzögen sein Buch wie ein roter Faden. Er ignoriere sämtliche moderne Erkenntnisse der Intelligenz- wie auch der Genforschung. Aus diesen neueren Forschungsergebnissen ließe sich unzweideutig ableiten, dass eine deterministische Verbindung zwischen Genen und Eigenschaften wie Intelligenz nicht bestehe. Ein Intelligenz-Gen existiere nicht. Dazu existieren auch – andere – abweichende wissenschaftliche Auffassungen. So kommt etwa der Gehirnforscher Gerhard Roth zu der Auffassung, dass zur Kreativität und Intelligenz kaum erzogen werden könne, da sie „hochgradig“ angeboren seien.[9] Es könne, so auch eine Vielzahl anderer wissenschaftlicher Stimmen[10], heute kaum ein Zweifel daran bestehen, dass Gehirnleistung respektive Intelligenz zu einem „nicht unerheblichen Grad“ erblich bedingt seien. Dies sei ein Ergebnis u.a. der Zwillings- und Adoptionsforschung. Dass die menschliche Intelligenz „stark“ unter genetischer Disposition stehe, wird auch substantiiert in der psychologischen Fachliteratur vertreten.[11]
3. Ein weiterer Vorwurf falscher Tatsachenbehauptung knüpft sich an Sarrazins These von der unterschiedlichen Intelligenz

von Bevölkerungsgruppen. Es wird argumentiert, dass diese „rassistische" These ganz besonders kritisch zu betrachten sei.[12] Diese Theorie sei Jahrzehnte alt und werde immer wieder neu aufgelegt. So gaben Herrnstein und Murray vor, in ihrem Buch[13] zu zeigen, dass der mittlere IQ der amerikanischen schwarzen niedriger sei als derjenige der weißen US-Bevölkerung. Dieser wiederum sei niedriger als der durchschnittliche IQ der aus Asien stammenden Bevölkerungsteile. Heute, so die Kritik, sei dieser Streit entschieden in der Richtung, dass Weiße „nicht schlauer als andere seien". Es könne wissenschaftlich mit biologischer Selektion im Sinne von Darwin argumentiert werden.[14] So sei die Mehrzahl heutiger Afroamerikaner als Sklaven in die USA gekommen. Sie seien wohl schon beim Raub aus ihren Heimatdörfern in die Richtung von „Gesundheit" und „Kraft" selektiert worden, da sie ausgesucht wurden, um schwerste körperliche Arbeiten zu verrichten. Dadurch sollten die weißen Landbesitzer von entsprechenden Tätigkeiten entlastet werden, so dass sie sich anderen Aufgaben widmen konnten. Viele Schwarze starben auf der Überfahrt, nur die Robustesten überlebten. Diejenigen Schwarzen zeugten Nachkommen, die ihrer Aufgabe am besten gerecht werden konnten. Eine Selektion hin zu höherer Intelligenz hingegen fand nicht statt. Es konnte sich demnach kein selektiver Vorteil herausbilden, dafür bildeten sich bestimmte körperliche Merkmale durchschnittlich stärker heraus, was sich etwa heute im Rahmen sportlicher Leistungen zeige. (Wir referieren hier nur die These für die juristische Argumentation.)

4. Weiterhin wird Sarrazin eine falsche Tatsachenbehauptung bei seinen Prognosen vorgeworfen, die er für die Zukunft anstelle.[15] Das ist ein Einwand gegen Sarrazins Argumentationsmethoden. Mit all seinen Hochrechnungen wolle Sarrazin

> die Hauptthese seines Buches belegen, dass sich Deutschland durch Überfremdung abschaffe. So gehe er davon aus, dass Geburten- und Zuwanderungsraten in den nächsten 120 Jahren konstant verblieben. Solche langfristigen Vorhersagen seien „unmöglich" und daher „unredlich". Hiergegen kann eingewendet werden, dass solche langfristigen Prognosen eine andere Intention haben – ähnlich der Voraussagen klimatischer Veränderungen. Es soll damit nur ein Warnsignal gesetzt werden, dass ein bestimmter Trend gestoppt werden, „etwas getan werden" müsse, damit die prognostizierte Situation eben nicht in 120 Jahren eintrete.[16]

Bei all diesen Thesen ist Sarrazins „Meinung" gestützt auf (strittige) Thesen von (strittigen) Wissenschaftlern, es bestehen also keine unstrittigen Beweise. Seitens „der" Wissenschaft lässt sich somit nicht das Gegenteil beweisen. Demnach handelt es sich bei diesen Thesen um eine zulässige Meinung im Sinne des Artikels 5 Absatz 1 Satz 1 GG.

II. Artikel 5 Absatz 2 GG

Das Recht des Artikels 5 Absatz 1 GG kann durch Absatz 2 eingeschränkt werden.

Im Sarrazin-Fall kommen die Schranken der „allgemeinen Gesetze" und der persönlichen Ehre in Betracht. „Allgemeine Gesetze" sind solche, „die sich nicht gegen die Äußerung einer Meinung als solche richten, die vielmehr dem Schutz eines schlechthin, ohne Rücksicht auf eine bestimmte Meinung, zu schützenden Rechtsgutes dienen, dem Schutze eines Gemeinschaftswerts, der gegenüber der Betätigung der Meinungsfreiheit den Vorrang hat".[17] Dabei ist nach ständiger Rechtsprechung des BVerfG die

Schranke der „allgemeinen Gesetze“ weit auszulegen, wodurch sie auch die Schranke der persönlichen Ehre umfasst.[18]

1. Artikel 5 Absatz 2 GG in Verbindung mit dem Strafgesetzbuch

Hier kommen zunächst als allgemeine Gesetze § 130 Strafgesetzbuch (StGB) („Volksverhetzung“) und § 185 StGB („Beleidigung“) in Betracht. Es handelt sich um Vorschriften, die sich nicht gegen die Äußerung einer Meinung an sich richten. Das Schutzgut des § 130 StGB ist der öffentliche Friede, die Würde des einzelnen Menschen gemäß Artikel 1 Absatz 1 GG sowie der Jugendschutz.[19] Schutzgut des § 185 StGB ist die persönliche Ehre. Es handelt sich bei beiden Vorschriften damit um „allgemeine Gesetze“ nach Artikel 5 Absatz 2 GG. Beide sind grundsätzlich geeignet, einen Eingriff in Artikel 5 Absatz 1 Satz 1 GG zu rechtfertigen. Wenn Artikel 5 Absatz 2 GG angewendet wird, müssen die allgemeinen Gesetze ebenfalls im Lichte des Artikels 5 ausgelegt werden. Hier kommt die so genannte „Wechselwirkungstheorie“, die das BVerfG in seinem Lüth-Urteil entwickelt hat, zum Tragen. Demnach findet „eine Wechselwirkung in dem Sinne statt, dass die ‚allgemeinen Gesetze‘ zwar dem Wortlaut nach dem Grundrecht Schranken setzen, ihrerseits aber aus der Erkenntnis der wertsetzenden Bedeutung dieses Grundrechts im freiheitlichen demokratischen Staat ausgelegt und so in ihrer das Grundrecht begrenzenden Wirkung selbst wieder eingeschränkt werden müssen.“[20]

Diese Wechselwirkung hat weitreichende Konsequenzen. Zum einen werden damit Auslegung und Anwendung des meinungseinschränkenden Gesetzes beeinträchtigt. Zum anderen aber wird auch die Erfassung und Würdigung der Äußerung selbst beeinflusst. Bzgl. der Zulässigkeit von Äußerungen fallen bereits Vorentscheidungen auf der Deutungsebene.[21] Verstöße gegen Artikel 5 GG liegen daher vor, 1) wenn das allgemeine Gesetz nicht im Sinne der Vorschrift ausgelegt wird und 2) nicht verschiedene mögliche Deutungen der Äußerung zugrundegelegt werden. Nach Auffassung des BVerfG ist der jeweilige Sinn der Aussage entscheidend, den sie nach dem Verständnis eines „unvoreingenommenen" und „verständigen Publikums" hat.[22]

Das BVerfG weist darauf hin, dass eine isolierte Betrachtung der umstrittenen Äußerung den Anforderungen an eine tragfähige Deutung regelmäßig nicht gerecht wird. Es müssen vielmehr der Zusammenhang und die Begleitumstände berücksichtigt werden. Bzgl. der „Ehre" wird man zusätzlich (über das BVerfG hinausgehend) der Sicht des von der Äußerung betroffenen Dritten einen bestimmenden Wert beimessen müssen.[23] Dabei muss berücksichtigt werden, dass dem Grundrecht auf Meinungsfreiheit auch Grundrechte anderer, wie etwa die Menschenwürde entgegenstehen können. Dennoch spricht nach der Auslegung des Bundesverfassungsgerichts eine Vermutung für die Zulässigkeit der freien Rede, wenn es um einen Beitrag zum Meinungskampf in einer die Öffentlichkeit wesentlich berührenden Frage für die Demokratie geht[24]; entsprechend müssen die Aussagen von Sarrazin gedeutet werden.

a. § 130 StGB

§ 130 des Strafgesetzbuches (StGB) definiert den Straftatbestand der Volksverhetzung. Angriffsobjekt der Tathandlungen sind „Teile der Bevölkerung". Nach der Rechtsprechung fallen hierunter Personenmehrheiten, die sich aufgrund äußerer oder innerer Merkmale als abgrenzbare Teile aus der inländischen Bevölkerung herausheben lassen. Zu diesen Merkmalen gehören etwa Rasse, Volkszugehörigkeit, Religion, politische oder weltanschauliche Überzeugung und auch soziale oder wirtschaftliche Verhältnisse. Bei der Gruppe darf es sich nicht um eine geringfügige Zahl handeln. Sie muss auch eine gewisse Bedeutung im gesellschaftlichen Leben haben.[25] Hierzu gehören zweifellos Migranten aus der Türkei und den arabischen Ländern, weitere Volksgruppen, muslimische Migranten und auch die soziale Unterschicht.

Vereinfacht ausgedrückt, unterscheiden sich die Tatbestände des Abs. 1 und Abs. 2 darin, dass Abs. 1 eine Tathandlung erfordert, die zusätzlich geeignet sein muss, den öffentlichen Frieden zu stören. Aufgrund dessen kommt es hier zur deutlich höheren Strafandrohung. Es ist davon auszugehen, dass die Eignung zur Friedensstörung eine Öffentlichkeit oder zumindest Öffentlichkeitsfähigkeit der Äußerungen voraussetzt. Die Tathandlung des § 130 Absatz 1 und 2 StGB setzt eine Diskriminierung der betroffenen Personengruppe voraus. Eine Diskriminierung liegt jedenfalls dann vor, wenn der angegriffenen Personengruppe ihr ungeschmälertes Lebensrecht als gleichwertige Persönlichkeiten in der staatlichen Gemeinschaft abgesprochen wird, in dem Sinne, dass diese somit als „unterwertige Menschen“ gekennzeichnet werden. „Lebensrecht“ umfasst dabei auch das soziale Lebensrecht: das Recht, als gleichwertige Menschen in der staatlichen Gemeinschaft zu leben. Es kommt hier auf die Wahrung des Kerns der Persönlichkeit nach Artikel 1 GG an[26]; ebenso auf die Umstände des Einzelfalles.[27]

Die Meinungsäußerungen können gemäß Artikel 5 Absatz 1 GG auch scharf formuliert werden oder polemisch sein. Dieser umfassende Schutz von Meinungsäußerungen betrifft vor allem die Wirkungsabsicht von Aussagen. Denn Meinungsäußerungen beabsichtigen gerade, andere in ihrer Meinung zu beeinflussen.

Sie bedürfen daher manchmal besonderer Anschaulichkeit. Das Bundesverfassungsgericht macht daher in ständiger Rechtsprechung deutlich, dass Meinungsäußerungen nicht bloß aufgrund ihrer Wirkungen auf den Adressatenkreis vom Schutz der Verfassung auszuschließen sind.[28]

In den von Sarrazin behaupteten Feststellungen zu Statistiken über Straftaten, Bildung oder Integration ist keine strafrechtliche Relevanz zu sehen. Eine Strafbarkeit seiner Aussagen zu den Einkommensverhältnissen und Transferleistungen kann zwar generell nie a priori ausgeschlossen werden, da sie abhängig sind von Zusammenhang und Umständen. Es werden aber z.B. im 3. Kapitel von Sarrazins Buch (in dem die Zeichen des Verfalls des Sozialstaates aufgewiesen werden) die für die folgenden Argumente des Buches grundlegenden Zusammenhänge zwischen Migrationshintergrund, Intelligenz, Schulleistungen, Ergebnissen in PISA-Tests, Unterschichtenzugehörigkeit, Armut und den sozialen Unterschieden in der Kinderzahl dargelegt – ohne offensichtlichen sachlogischen Fehler. Sarrazin behauptet auch nicht – bzgl. seiner Bildungsthesen – quasi deterministisch, dass man bei „allen" Muslimen, Türken und Arabern nichts ändern könne.

Sachliche Äußerungen über die Integrationswilligkeit oder -fähigkeit bestimmter Bevölkerungsgruppen, über Bildungs- und Ausbildungsstandards und eine Bewertung persönlicher Erfahrungen sind im Grundsatz nicht diskriminierend und damit nicht tatbestandsmäßig, sofern sie nicht durch einseitige Verzerrung oder wahrheitswidrige Verfälschung auf eine reine Stimmungsmache abzielen, was vorliegend nicht der Fall ist.

Damit wird in dem Buch hinsichtlich einzelner Bevölkerungsgruppen weder zum Hass oder zu Gewalt- oder Willkürmaßnahmen aufgerufen noch die Menschenwürde dadurch angegriffen, dass Angehörige der genannten Bevölkerungsgruppen beschimpft, böswillig verächtlich gemacht oder verleumdet werden.

b. § 185 StGB

Manche von Sarrazins polemischen Formulierungen scheinen übertrieben. So, wenn er von „funktionsloser Unterklasse", „kulturellem Rückschritt durch Muslime" etc. spricht. „In jedem Land kosten die muslimischen Migranten aufgrund ihrer niedrigen Erwerbsbeteiligung und hohen Inanspruchnahme von Sozialleistungen die Staatskasse mehr, als sie an wirtschaftlichem Mehrwert einbringen. Kulturell und zivilisatorisch bedeuten die Gesellschaftsbilder und Wertvorstellungen, die sie vertreten, einen Rückschritt. Demografisch stellt die enorme Fruchtbarkeit der muslimischen Migranten eine Bedrohung für das kulturelle und zivilisatorische Gleichgewicht im alternden Europa dar."[29]

Nach der Rechtsprechung wird eine Schmähung mit Rücksicht auf das Grundrecht der Meinungsäußerung eng verstanden. Wertungen sind grundsätzlich frei von Bindungen. So reicht auch eine überzogen polemische oder ausfällige Kritik für sich genommen nicht aus, um eine Beschränkung zu rechtfertigen. Anders liegt es nur, wenn bei der Äußerung nicht mehr die Auseinandersetzung in der Sache, sondern die Diffamierung der Person im Vordergrund steht.[30] („Diffamierung", „Schmähkritik") Dann endet der Schutzbereich des Artikels 5 Absatz 1 Satz 1 GG.[31]

Fraglich bzgl. der §§ 185 ff. StGB ist im vorliegenden Fall, ob Sarrazin sich grundsätzlich äußert und damit eine allenfalls straflose Kollektivbeleidigung begeht. Aber auch herabsetzende Meinungen gegenüber Kollektiven können ehrmindernd für deren Mitglieder wirken. In einem solchen Fall lässt sich jedoch „die Grenze zwischen einem Angriff auf die persönliche Ehre, die Artikel 2 Absatz 1 in Verbindung mit Artikel 1 Absatz 1 GG schützt und die nach Artikel 5 Absatz 2 GG Beschränkungen der Meinungsfreiheit rechtfertigt, und einer Kritik an sozialen Phänomenen, staatlichen oder gesellschaftlichen Einrichtungen oder sozialen Rollen und Rollenerwartungen, für die Artikel 5 Absatz 1 Satz 1 GG gerade einen Freiraum gewährleisten will, nicht scharf ziehen." „Je grösser (jedoch) das Kollektiv ist, auf das sich eine herabsetzende Äußerung bezieht, desto schwächer kann auch die persönliche Betroffenheit des einzelnen Mitglieds werden, weil es bei den Vorwürfen an große Kollektive meist nicht um das individuelle Fehlverhalten oder individuelle Merkmale der Mitglieder, sondern um den aus der Sicht des Sprechers bestehenden Unwert des Kollektivs, seiner sozialen Funktion sowie der damit verbundenen Verhaltensanforderungen an die Mitglieder geht."[32]

Sarrazin hat ein Buch von 460 Seiten geschrieben mit einem Anmerkungsapparat von über 50 Seiten, in dem er versucht, seine Aussagen mit den genannten empirischen Fakten zu belegen. Er stellt Hypothesen auf, stellt gewisse Fragen und versucht, sachlich zu argumentieren. Sarrazin möchte mit seinem Buch eine breite Diskussion über die Folgen der demografischen Entwicklung in Deutschland und der Zuwanderungspolitik in Gang setzen.[33] Damit möchte Sarrazin vorrangig zur Bildung der öffentlichen Meinung beitragen. Es geht ihm damit um die „Sache"; sie steht im Mittelpunkt und nicht so sehr das konkrete Mitglied einer Gruppe. Aufgrund dieser Intention sind die oftmals polemischen und zweifellos harten Formulierungen funktional – und damit keine Schmähkritik, zumal die skandalerheischende Medienwelt sonst nicht berichtet. Dies deckt sich mit der Intention des BVerfG, solche Polemiken zuzulassen.[34]

Da die Meinungsfreiheit nur in dem Maße eingeschränkt werden darf, wie es zum Schutz der persönlichen Ehre erforderlich ist, läge in der Bestrafung Sarrazins wegen seiner Äußerungen eine unzulässige Beschränkung von Artikel 5 Absatz 1 GG.

2. Artikel 5 Absatz 2 GG in Verbindung mit dem Bundesbankgesetz

Artikel 5 Absatz 1 GG könnte möglicherweise durch Bankenrecht eingeschränkt werden.

a. Verhaltenskodex der Vorstandsmitglieder der Deutschen Bundesbank

Fraglich ist, ob der Verhaltenskodex der Mitglieder des Vorstands der Deutschen Bundesbank, nach dem sich ein Vorstandsmitglied jederzeit in einer Weise zu verhalten hat, „die das Ansehen der Bundesbank und das Vertrauen der Öffentlichkeit in die Bundesbank aufrecht erhält und fördert" (Nummer 1 Absatz 3 des Verhaltenskodex[35]), ein allgemeines Gesetz ist. Es wird die Auffassung vertreten, der Verhaltenskodex formuliere aus, „was sich aus den allgemeinen Rechtsgrundsätzen und dem Bundesbankgesetz ergibt".[36]

Hierzu muss bemerkt werden, dass die Vorstandmitglieder nicht in einem arbeitsrechtlichen Verhältnis zur Deutschen Bundesbank oder zur Bundesrepublik Deutschland stehen, sondern in einem besonderen „öffentlich-rechtlichen Amtsverhältnis" auf vertraglicher Grundlage nach § 7 Absatz 4 Satz 1 Bundesbankgesetz (BBankG) (also kein Beamtenverhältnis). Da die Bundesbank unabhängig sein soll, ist es sinnvoll, dass ihre Vorstände, anders als Beamte, nicht an Weisungen der Regierung gebunden sind. Dieses Rechtsverhältnis richtet sich nach öffentlichem Recht. Hinsichtlich des Verhaltenskodex handelt es sich um eine nicht rechtlich bindende Verhaltensreglung.[37] Damit lässt sich in diesem Codex bereits kein allgemeines Gesetz im Sinne des Artikels 5 Absatz 2 GG erblicken.

b. § 3 Bundesbankgesetz

Möglicherweise kann aber eine Schranke nach Artikel 5 Absatz 2 GG im „allgemeinen Gesetz" des § 3 BBankG gesehen werden, zumal die Schranken durch die Rechtsprechung weit ausgelegt werden. Er definiert die Aufgaben der Deutschen Bundesbank. § 3 BBankG umfasst: Neben der traditionellen Aufgabe einer Notenbank, ein geordnetes Geldwesen aufrechtzuerhalten, stellt das Bundesbankgesetz mit der Verpflichtung auf das Ziel der Währungssicherung vor allem die Verantwortung der Bundesbank für die Geldwertstabilität heraus. Im Zusammenspiel der wirtschaftlichen Entscheidungsträger – Parlament, Regierung, Notenbank, Sozialpartner – hat die Bundesbank ihr Wächteramt über die Geldwertstabilität nach dem Willen des Gesetzgebers stets als ihre vorrangige Aufgabe anzusehen. Deshalb hat das Bundesbankgesetz die Notenbank von Weisungen der Bundesregierung unabhängig gemacht. Folgerichtig wurde die im Gesetz festgelegte grundsätzliche Verpflichtung der Bundesbank, die allgemeine Wirtschaftspolitik der Bundesregierung zu unterstützen (laut § 13 BBankG besteht eine Beratungspflicht der Bundesbank), ausdrücklich an die Bedingung geknüpft, dass die Geldpolitik hierdurch nicht in unüberwindliche Konflikte mit ihrer eigentlichen Aufgabe geraten darf.[38]

Als zu schützendes Rechtsgut im Sinne des „allgemeinen Gesetzes" gemäß Artikel 5 Absatz 2 GG wird das Vertrauen in die Stabilität der Währung und der Kapitalmärkte abgeleitet und allgemein anerkannt.[39] Dieses Vertrauen müsse verlässlich vermittelt werden. Dies sei im vorliegenden Fall für Sarrazin nicht mehr möglich, da er öffentlich polarisiert habe. Es gehe dabei nicht um die inhaltlichen Positionen Sarrazins, sondern um sein Verhalten. Er habe bewusst eine bundesweite Kontroverse provoziert. Für den Fall, dass eine neue Finanzkrise drohe und Sarrazin wie einst Kanzlerin Merkel erkläre: „Die Spareinlagen sind sicher", würden ihm viele nach den jetzigen Diskussionen nicht mehr glauben. Geld sei ein besonders heikles Gut, das nur funktioniere, solange die Bevölkerung nicht den Institutionen zweifle, die es garantiere. Bundesbank-Vorstände müssten daher Vertrauenspersonen sein. Dieses Vertrauen aber habe Sarrazin erschüttert, indem er seine Meinungsfreiheit bis an die Grenze ausgereizt habe. Sarrazins Äußerungen hätten „eine Rückwirkung auf die Funktionsfähigkeit der Bundebank und damit auf die Europäische Zentralbank". Für die Vertrauenswürdigkeit der Bundesbank sei nicht nur der Bundesbankpräsident, sondern der gesamte Vorstand zuständig.[40]

Dem kann entgegengehalten werden, dass sich Sarrazin zur Migration äußert, also hier offensichtlich ein Zusammenhang zur Geldwertstabilität fehlt. Sarrazin ist als Vorstand der Bundesbank für Computer, Risikokontrolle und Revision zuständig. Die Geldwertstabilität obliegt der Europäischen Zentralbank. Zur wichtigsten Aufgabe der Deutschen Bundesbank ist die Umsetzung der geldpolitischen Beschlüsse und Vorgaben des Europäischen Systems der Zentralbanken geworden. Die Bundesbank hat somit in erster Linie eine Wahrnehmungs- und Vollzugskompetenz.[41] Da erscheint es egal, was Sarrazin in seiner Freizeit äußert.

Dies wäre anders, wenn tatsächlich der Nachweis gelänge, dass die Bundesbank durch die Äußerung ihres Vorstandsmitglieds in ihrer Funktionsfähigkeit geschädigt worden wäre. Zwar spricht der Vorstand der Bundesbank in einer Pressemitteilung davon, dass die Äußerungen Sarrazins dem Ansehen der Bank

„Schaden" zufügen. „Obwohl diese Äußerungen als persönliche Meinung deklariert sind und Dr. Sarrazin ausdrücklich nicht für die Bundesbank spricht, werden sie zunehmend der Bundesbank zugerechnet."[42] Welchen Schaden die Bank erlitten haben soll, wird jedoch nicht näher spezifiziert. Die Bank teilt auch mit, dass die Äußerungen von Herrn Sarrazin geeignet sind, den Betriebsfrieden zu stören; damit erklärt sie aber schlüssig, dass tatsächlich noch keine Störung vorliegt.

Ein Bundesbankvorstand hat, wie jeder andere Bürger auch, das Recht auf Gebieten, die nicht zu seinem dienstlichen Obliegenheitenkreis gehören, sich frei zu äußern. Insofern kommt hier zumindest die Vermutung für die Zulässigkeit der freien Rede zum Tragen.

III. Fazit

Die Äußerungen Sarrazins fallen in den Schutzbereich des Artikels 5 Absatz 1 GG. Es lässt sich also auch hier wiederholen, was an vielen anderen Stellen (nicht nur) der Sarrazin-Debatte deutlich wurde: dass sich das Volk – oder eben: der viel geschmähte Stammtisch – auch in politischen Debatten offensichtlich ein gutes Gespür für Dimensionen und Proportionen bewahrt.

Anmerkungen

1 Vgl. BVerfGE 90, 241 (247), Urteil vom 13.04.1994. Diese Definition vertritt das Bundesverfassungsgericht in ständiger Rechtsprechung.

2 BVerfGE 61, 1 ff. (8), Beschluss vom 22.06.1982; BVerfGE 90, 241 (247), Urteil vom 13.04.1994.

3 BVerfGE 61, 1 ff. (8), Beschluss vom 22.06.1982; BVerfGE 90, 241 (247), Urteil vom 13.04.1994.

4 Dazu: Michael Blank u.a., Grundgesetz, Basiskommentar, 2. Aufl., Köln 1996, S. 45.

5 Auf die Frage: „Gibt es auch eine genetische Identität?“ Sarrazin: „Alle Juden teilen ein bestimmtes Gen, Basken haben bestimmte Gene, die sie von anderen unterscheiden.“ Vgl. Welt am Sonntag v. 29.08.2010. Siehe dazu C. Noll, „Das Juden-Gen?“. S. 101 in diesem Band.

6 Naturenews vom 03.06.2010: Jews worldwide share genetic ties, zit. nach Peter Mersch, Der Skandal um „Deutschland schafft sich ab“, http://knol.google.com/k/peter-mersch/der-fall-thilo-sarrazin.

7 Spiegel online 02.09.2010.

8 taz vom 29.08.2010.

9 In: Der Spiegel 35/2007, nach Mersch, Fn. 6.

10 Vgl. etwa Peter Borkenau, Anlage und Umwelt. Eine Einführung in die Verhaltensgenetik, Göttingen 1993; Rainer Riemann, Frank M. Spinath, Genetik und Persönlichkeit, in: Jürgen Hennig, Petra Netter (Hg.), Biopsychologische Grundlagen der Persönlichkeit, 2005, S. 616 ff., zit. nach Mersch, Fn. 6.

11 Hermann Faller, Hermann Lang, Medizinische Psychologie und Soziologie, Heidelberg 2006, S. 96, zit. nach Mersch, Fn. 6. Siehe dazu auch Heiner Rindermann/Detlef H. Rost, S. 77 in diesem Band.

12 Vgl. Jörg Blech in: Der Spiegel vom 30.08.2010.

13 Richard Herrnstein, Charles Murray, The Bell Curve. Intelligence and Class Structure in America, New York 1994.

14 Eckart Voland, Die Natur des Menschen, Grundkurs Soziobiologie, München 2007, zit. nach Mersch, Fn. 6.

15 Der Spiegel vom 02.09.2010.

16 Siehe auch Erich Weede, „Demographie, Intelligenz oder Humankapital und Zuwanderung“. S. 57 in diesem Band.

17 Vgl. BVerfGE 7, 198 ff. (209 f.), Urteil vom 15.01.1958 und ständige Rechtsprechung, so genannte „Einheitsformel“.

18 Dazu BVerfGE 34, 269 ff. (282), Urteil vom 14.02.1973.

19 Vgl. z.B. Karl Lackner, Krisitan Kühl, Strafgesetzbuch, Kommentar, 26. Aufl., München 2007, § 130 mit weiteren Nachweisen.

20 Vgl. z.B. BVerfGE 7, 198 ff. (208 f.), Urt. v. 15.01.1958.

21 So BVerfG NJW 1995 (= BVerfGE 93, 266 ff.), 3303 ff. (3305), Beschluss vom 10.10.1995.

22 Vgl. BVerfGE 93, 266 ff. (259), Beschluss vom 10.10.1995.

23 So auch Peter J. Tettinger, Die Ehre – ein ungeschütztes Verfassungsgut, Köln 1995.

24 Vgl. auch BVerfGE 7, 198 ff. (208, 212), Urteil vom 15.01.1958; BVerfG Neue Juristische Wochenschrift 1994, 2943 (2943), Urteil vom 25.08.1994. Im „Soldaten sind Mörder"-Urteil differenziert das BVerfG (BVerfGE 93, 266 ff., Beschluss vom 10.10.1995) grundlegend, ob Meinungsäußerungen im Rahmen einer privaten Auseinandersetzung zur Verfolgung von Eigeninteressen getätigt werden oder ob sie im Zusammenhang mit einer die Öffentlichkeit wesentlich berührenden Frage steht. Vgl. auch BVerfG, Neue Juristische Wochenschrift 2009, 3016 ff., Beschluss vom 12.05.2009.

25 Vgl. z.B. BVerfGE 93, 266 ff., Beschluss vom 10.10.1995.

26 Vgl. Wilfried Küper, Strafrecht, Besonderer Teil, 7. Aufl., Heidelberg [u.a.] 2008, S. 231 mit Nachweisen zur Rechtsprechung.

27 Die praktische Bedeutung des § 130 StGB ist nicht sehr groß. Dementsprechend wenig gefestigt ist teilweise die Rechtsprechung.

28 Zu dieser Rechtsprechung vgl. Dieter Grimm, Die Meinungsfreiheit in der Rechtsprechung des Bundesverfassungsgerichts, in: Neue Juristische Wochenschrift 1995, S. 1697–1705 (1698).

29 Thilo Sarrazin, Deutschland schafft sich ab, München 2010, S. 267.

30 BVerfGE 93, 266 ff. (294, 303), Beschluss vom 10.10.1995.

31 Vgl. Franz Klein, Bruno Schmidt-Bleibtreu, Kommentar zum Grundgesetz, 9. Aufl., Neuwied [u.a.] 1999, Artikel 5 GG (Kommentierung von Christoph Kanngießer).

32 BVerfG Neue Juristische Wochenschrift 1995 (= BVerfGE 93, 266 ff.), 3303 ff. (3306), Beschluss vom 10.10.1995.

33 „Es geht um einen öffentlichen Dialog. In einer Welt, in der jeder Integrationsbeauftragte hundertfach seine Erfolgsquoten herunterbetet, würde mein Buch langweilen, wenn es nur den Integrationsbericht der Bundesregierung nachvollzöge." Thilo Sarrazin, in: Die Welt am Sonntag vom 29.08.2010.

34 Vgl. BVerfGE 93, 266 ff., Beschluss vom 10.10.1995.

35 http://www.bundesbank.de/download/presse/pressenotizen/2010/20100830.stellungnahme.php.

36 Vgl. Hans Peter Schwintowski, Vorstände sind Vertrauenspersonen, in: taz vom 31.08.2010. Schwintowski ist Professor für Bürgerliches Recht,

Handels-, Wirtschafts- und Europarecht an der Humboldt-Universität Berlin.

37 So auch Karl-Heinz Ladeur, Legal Tribune Online, 05.09.2010.

38 Vgl. Auch http://www.bundesbank.de/aufgaben.

39 Hans Peter Schwintowski, Vorstände sind Vertrauenspersonen, in: taz vom 31.08.2010. Allgemein: Ernst-Joachim Lampe, Rechtsgut, kultureller Wert und individuelles Bedürfnis, in: Festschrift für Hans Welzel zum 70. Geburtstag, 1974, Berlin [u.a.] 1974, S. 151 ff.

40 Hans Peter Schwintowski, Vorstände sind Vertrauenspersonen, in: taz vom 31.08.2010.

41 So auch: Reiner Schmidt, Geld und Währung, in: Josef Isensse, Paul Kirchhof (Hg.), Handbuch des Staatsrechts, 3. Aufl., Band V, Heidelberg [u.a.] 2007, S. 956.

42 http://www.bundesbank.de/download/presse/pressenotizen/2010/20100830.stellungnahme.php.

6. Demographie, Intelligenz oder Humankapital und Zuwanderung

Schafft Deutschland sich ab? Hat Thilo Sarrazin recht?

Erich WEEDE

Dass ein wirtschafts- und gesellschaftspolitisches Sachbuch so viele Käufer wie Sarrazins (2010) Werk findet, ist eigentlich erfreulich. Dass so viele Politiker das Buch schon verurteilt haben, bevor sie auch nur die Zeit gehabt haben können, es gründlich zu lesen, dass bei seiner raschen Entfernung aus dem Vorstand der Bundesbank auch deren Unabhängigkeit beschädigt worden sein könnte, das ist weniger erfreulich. Oder sind die von Sarrazin vertretenen Thesen so skandalös, dass sich eine detaillierte Auseinandersetzung mit seinen Thesen erübrigt? Schon darüber, was den Kern von Sarrazins Aussagen ausmacht, liest man verschiedene Meinungen. Um zu vermeiden, entweder das zum Kern zu erklären, was einem besonders gut gefällt, oder das, was einem besonders schlecht gefällt, kann man den von Sarrazin gewählten Titel als Hinweis auf sein Kernanliegen nehmen. Er vertritt die These, dass Deutschland sich abschafft und seine Zukunft verspielt. Er begründet diese Auffassung im Wesentlichen mit drei Argumenten.

Erich WEEDE

Warum und wie gefährdet Deutschland seine Zukunft?

Erstens bekommen die autochthonen Deutschen einfach nicht genug Kinder zur Bestandserhaltung. Wenn es so weitergeht wie bisher, dann werden Anfang des 22. Jahrhunderts vielleicht nur noch um die 20 Millionen autochthone Deutsche im Lande leben. Sarrazin bedauert diese Entwicklung und sieht im Aussterben der deutschen Sprache und Kultur einen Verlust. Das ist eine Wertung, die die meisten Menschen im Lande und wohl auch die Politiker teilen dürften. Verantwortlich für diese Entwicklung sind Millionen Paare, die sich freiwillig und unabhängig voneinander immer wieder gegen Kinder entschieden haben. Aus freiheitlicher Perspektive gehört der Staat den Menschen und nicht umgekehrt. Dann liegt es eigentlich nahe, diese Entscheidung der Paare zu respektieren. Aufklärung darüber, dass zunehmende Kinderlosigkeit die Existenz Deutschlands oder der deutschen Sprache und Kultur gefährdet, kann wenig zur Problemlösung beitragen. Denn selbst wenn ein Paar sich für ein Dutzend Kinder entscheidet, hat das keinen nennenswerten Effekt auf die Bevölkerungsentwicklung. Um etwas zu erreichen, ist kollektives Handeln und vielleicht sogar staatliches Handeln gefragt. Ob politische Eingriffe in den Lauf der Dinge wünschenswert und legitim sind, darüber kann man streiten: Wenn ein Volk – wie die autochthonen Deutschen und viele andere europäische Völker (Birg 2005) – sich so verhält, als ob es aussterben wollte, dann muss eine freiheitliche Gesellschaft das akzeptieren. Das impliziert natürlich nicht, dass kein politischer Handlungsbedarf besteht. Ob die Rentenversicherung und andere soziale Sicherungssysteme in Deutschland und anderswo auf das Ergrauen unserer Gesellschaften vorbereitet sind, das wird schon lange und sogar für demographisch besser als Deutschland aufgestellte Gesellschaften bezweifelt (Peterson 2004). Aber die Politik bei uns gibt sich mit Trippelschritten (Riester-Rente; Verrentung mit 67, aber nicht etwa sofort) zufrieden. Der Größe der Herausforderung angemessene Lösungen auch nur zu bedenken, das überlässt die Politik den Ökonomen – ohne aus deren Denken hinreichende Konsequenzen zu ziehen.[1]

Zweitens vertritt Sarrazin die Auffassung, dass sich die Humankapitalausstattung Deutschlands in absehbarer Zeit dramatisch verschlechtern wird, dass Wohlstand und Wachstum darunter leiden werden. Den Zusammenhang zwischen Humankapitalausstattung und Wohlstand oder Wachstum halte ich für unproblematisch und ökonometrisch abgesichert (Jones and Schneider 2006; Weede 2003). Die Trendaussage über die Verschlechterung der Humankapitalausstattung beruht im Wesentlichen auf den unterschiedlichen Reproduktionsraten der Schichten in Deutschland und auf der Zuwanderung von meist wenig Qualifizierten und deren relativ hohen Reproduktionsraten. Die deskriptiven Aussagen über schichtenspezifische Reproduktionsraten und Zuwanderung sind im Wesentlichen unbestritten. Was die Kritiker gegen Sarrazin aufbringt, ist, dass er das mit einer Erbtheorie der Intelligenz verbindet, die zwar von vielen Psychometrikern (Herrnstein and Murray 1994; Vernon 1979) vertreten wird, aber auch diffizile Probleme anspricht und heftige Gegner innerhalb und außerhalb der Wissenschaft hat. Für Sarrazins Kritiker ist sein „Biologismus“ oder gar „Rassismus“ der Kern des Buches. Ich werde noch im Einzelnen untersuchen, ob diese Vorwürfe haltbar oder wenigstens plausibel sind, vor allem aber auch, ob die Erbtheorie der Intelligenz so bedeutsam für die Ableitung eines Trends zur abnehmenden Humankapitalausstattung ist, wie Sarrazin annimmt.

Drittens vertritt Sarrazin die Auffassung, dass die Einwanderung von wenig qualifizierten Menschen, die oft keinen Arbeitsplatz suchen oder finden, Deutschland schadet. Die Masse der wenig qualifizierten Zuwanderer stammt aus dem ehemaligen Jugoslawien, der Türkei, den arabischen Ländern oder Afrika. Die meisten dieser Zuwanderer bekennen sich zum Islam. Weder beim Qualifikationsniveau der Zuwanderer noch bei deren bescheidener Beteiligung am Arbeitsmarkt gibt es gute Gründe, Sarrazins deskriptive Aussagen zu bestreiten. Ob die Zuwanderung den deutschen Fiskus belastet oder nicht, ist schon umstritten.[2] Hier können nicht die technischen Details und die Gültigkeit von Untersuchungsplänen diskutiert werden. Auf jeden Fall kann man festhalten, dass die fiskalischen Effekte der Zuwanderung erstaunlich wenig erforscht sind, dass man durch eine Auslese nach Qualifikation – wie sie etwa in Australien und Kanada praktiziert wird – die fiskalischen Ergebnisse verbessern könnte (Zimmermann et al. 2007).[3] Für Quantität und Qualität der Zuwanderung sind offensichtlich nicht wie beim Geburtenrückgang die einzelnen Bürger, sondern die Politiker in Exekutive und Legislative, vielleicht auch die Richter verantwortlich.[4] Mit seinem dritten Argument hat Sarrazin also die Gruppe derer, die in den letzten Jahrzehnten bei uns politische Verantwortung tragen, frontal angegriffen. Sein „Alptraum“ über die Bevölkerungsentwicklung im abschließenden Kapitel zielt in besonderer Weise auf Angela Merkel und die Grünen.

„Biologismus“, „Rassismus“ und die Erbtheorie der Intelligenz

Obwohl Sarrazin normative Argumente durchaus und offen vertritt, überwiegen bei ihm doch die Sachaussagen, bei denen man die Frage nach Richtigkeit oder Falschheit und nicht nach moralischer oder politischer Korrektheit in den Vordergrund stellen sollte. Das fällt vor allem dann und gerade in Deutschland schwer, wenn das Argument des „Biologismus“, des „Rassismus“ oder des „Antisemitismus“ auftaucht. Diese Vorwürfe wiegen so schwer, weil ein Zusammenhang zwischen „biologistischen“, „rassistischen“ und „antisemitischen“ Behauptungen einerseits und den nationalsozialistischen Verbrechen, vor allem an den Juden, bestehen könnte. Ein logisch zwingender Zusammenhang zwischen derartigen Behauptungen und der Befürwortung oder Entschuldigung von Verbrechen setzt aber mindestens folgendes voraus. Man muss nicht nur bestimmte – beispielsweise rassistische oder antisemitische – Behauptungen für sachlich richtig halten, sondern auch glauben, dass Sollens-Aussagen aus Seins-Aussagen abgeleitet werden können. Niemand, der sich ernsthaft mit dem Zusammenhang von Sein und Sollen beschäftigt hat, hält das für möglich. Auch bei Sarrazin findet man nichts, was dafür spricht, dass er hier unhaltbare Positionen vertritt. Kann man ihm vorwerfen, dass er sich nicht gegen jede denkbare böswillige Unterstellung unsinniger Auffassungen durch explizite Ablehnung absichert?

Ohne den Fehlschluss vom Sein auf das Sollen bleibt unklar, wie beliebige Auffassungen über Rassen oder die Juden Verbrechen motivieren, erklären oder rechtfertigen können. Nur wenn man davon ausgeht, dass der Fehlschluss vom Sein auf das Sollen in Teilen der Bevölkerung populär ist, nur dann stellt sich die Frage, ob man nicht manche Aussagen über die Realität besser nicht machen sollte, weil irgendjemand den gefährlichen Fehlschluss schon nachliefern wird. Weil die Tabuisierung von Aussagen über die Realität und damit die Weigerung, deren Gültigkeit auch nur ernsthaft zu diskutieren, dem Erkenntnisfortschritt nicht dienen kann, sollten Medien und Politik lieber Aufklärungsarbeit gegen den befürchteten Fehlschluss leisten, als für die Tabuisierung von „Biologismus“ und „Rassenlehren“ kämpfen. Die Bereitschaft zur Diskussion solcher Auffassungen und ihrer Gültigkeit oder Ungültigkeit ist dabei der Urteilsbildung über den Gültigkeitsanspruch logisch vorgeschaltet. Vielleicht würde Tabuisierung „biologistischer“ Theorien sogar dazu beitragen, solche Lehren auf lange Sicht zu stärken.

Sarrazin vertritt keine Rassenlehre. Man kann dem Werk nicht entnehmen, wie Sarrazin Rasse definieren würde oder ob und in welchem Falle er den Begriff für sinnvoll hält. Auch, ob er Juden für eine Rasse hält, weiß ich nicht. Eindeutig ist allerdings, dass Sarrazin Juden und Ostasiaten für intelligenter als uns Deutsche hält, dass er mehr Intelligenz für besser als weniger hält.[5] Den Antisemitismusvorwurf können diese Auffassungen offensichtlich nicht stützen. Selbst wenn man Sarrazin eine Rassenlehre unterstellt, dann bleibt klar, dass im Unterschied zur nationalsozialistischen Rassentheorie Deutsche keineswegs eine Spitzenstellung einnehmen. Falls Sarrazin eine Rassentheorie verträte, dann bestimmt keine, die Deutsche für Herrenmenschen hält und Juden ablehnt. So eine Rassentheorie hätte weder zur Judenverfolgung noch zur Hoffnung auf den Endsieg im Weltkrieg verleiten können.

Obwohl sich Sarrazin mehrfach auf Arbeiten bezieht, die Unterschiede in der durchschnittlichen Intelligenz der Bewohner verschiedener Länder feststellen, ist nicht klar erkennbar, ob und inwieweit Sarrazin *diese* Unterschiede genetisch interpretiert. Klar ist, dass er wie die meisten Psychometriker eine Erblichkeit zwischen 50 und 80 Prozent unterstellt. Diese Erblichkeitsquotienten sind keine unveränderlichen Gegebenheiten. Das weiß auch Sarrazin, denn er weist mehrfach darauf hin, dass optimale Förderung aller Kinder (also optimale Umwelt für alle Kinder) das Gewicht der Erblichkeit nur vergrößern kann. Das impliziert die Einsicht, dass etwa Diskriminierung nach Herkunftsschicht das Gewicht der Erblichkeit verringern würde! Für Fachleute ist auch klar, dass die Erblichkeitsschätzungen, die mit Hilfe von Zwillings- und anderen Studien für weiße Amerikaner oder Europäer ermittelt worden sind, nicht auf andere Bevölkerungen oder die Menschheit oder zwischenstaatliche Intelligenzunterschiede übertragen werden dürfen. Es gibt gute Gründe für die Annahme, dass die Erblichkeit der Intelligenz bezogen auf die ganze Menschheit oder auf Unterschiede zwischen Europäern und Anderen oder auf die Intelligenz in Entwicklungsländern niedriger als die Erblichkeitsquotienten in Europa oder für weiße Amerikaner sein müsste (Vernon 1979, S. 204). Denn die Umweltunterschiede sind sowohl global als auch innerhalb vieler Entwicklungsländer, als auch zwischen armen und reichen Ländern, viel größer als innerhalb der reichen Länder. Das gilt für das Einkommen, für die Ernährung – in Indien ist fast jedes zweite Kleinkind mangelernährt, was auch die intellektuelle Entwicklung beeinträchtigen kann – und für die Einschulungschance.

Eine der Schwierigkeiten, mit der die Erforschung von Intelligenzunterschieden bei Bevölkerungsaggregaten zu kämpfen hat, ist, dass manche Bevölkerungen mehrere Generationen lang ihre Testleistungen deutlich verbessert haben. Zuerst wurde das für weiße amerikanische oder europäische Bevölkerungen nachgewiesen, neuerdings auch für die schwarzen Bewohner einer karibischen Insel. Dieser sog. Flynn-Effekt (Flynn 1987) ist Sarrazin bekannt. Ob er sich der Bedeutung dieses Effekts für jeden Vergleich von Bevölkerungsgruppen und für den Geltungsanspruch der Erbtheorie der Intelligenz im Ganzen bewusst ist, das kann man bezweifeln. Obwohl ich genau wie Sarrazin zu einer Erbtheorie der Intelligenz neige, sollte man auch die Gründe gegen die eigene Position würdigen.[6] In der Wissenschaftstheorie wird seit einiger Zeit die Auffassung vertreten, dass wir Wissenschaftler nicht in der glücklichen Lage sind, uns zwischen überprüften und bisher mit den Daten kompatiblen Theorien und falsifizierten (also als falsch erkannten oder widerlegten) Theorien entscheiden zu können, sondern dass alle Theorien mit punktuellen Widerlegungen oder Anomalien zu kämpfen haben (Kuhn 1976, Lakatos 1974), wir also zwischen Theorien mit mehr oder weniger Evidenz dagegen wählen müssen. Vor allem die Zwillingsforschung liefert starke Argumente zugunsten einer Erbtheorie der Intelligenz. Weil aber – wenn die Erbtheorie richtig sein sollte – die stärkere Reproduktion in der Unterschicht als in der Oberschicht und oberen Mittelschicht dysgenetische Effekte haben sollte, also eine langsame Verdummung der Bevölkerung zu erwarten wäre, hat der Flynn-Effekt so eine große Bedeutung. Wir haben nämlich für mehrere große (weiße) Bevölkerungsgruppen mit dem Flynn-Effekt das Gegenteil dessen beobachtet, was der Erbtheoretiker eigentlich erwarten sollte. Wenn man trotzdem zu einer erbtheoretischen Position neigt, sollte man Zweifel haben und zugeben. Meine Zweifel sind hier etwas stärker als die Sarrazins. Aber sollte man von dem Verfasser eines Sachbuches für einen breiten Leserkreis wirklich erwarten, dass er alle Unsicherheiten seiner Argumentation offenlegt, ein wissenschaftstheoretisches Kapitel einschiebt und damit Leser verliert? Muss er daran erinnern, dass Gewissheit über den Besitz der Wahrheit in den empirischen Wissenschaften unmöglich ist? Solche Hinweise habe ich in den Ausführungen der prominentesten Kritikerin Sarrazins, von Angela Merkel, zum Klimawandel noch nicht gefunden.

Sarrazin unterstellt die Vererbung der Intelligenz. Deshalb befürchtet er, dass die höhere Reproduktionsrate der weniger intelligenten, schlecht ausgebildeten und oft dem Arbeitsmarkt nicht zur Verfügung stehenden Menschen als der Intelligenten, gut Ausgebildeten und Arbeitenden auf lange Sicht zu einer Verschlechterung der Humankapitalausstattung des Landes und zu abnehmender Konkurrenzfähigkeit seiner Wirtschaft führt. Die relative Verarmung des Landes kann nicht im Interesse der hier lebenden Menschen sein – egal ob die Vorfahren Deutsche sind oder aus Anatolien stammen, egal ob man die Früchte der eigenen Arbeit (durch Steuern und andere Zwangsabgaben nicht allzu sehr reduziert) weitgehend selbst genießen möchte oder auf Sozialtransfers angewiesen ist. Die Politiker können ja nur umverteilen, was vorher irgendjemand erarbeitet hat. Sarrazins Zielsetzung der Erhaltung oder Verbesserung des Humankapitalbestandes in Deutschland hat nichts mit „Biologismus", „Rassismus" oder auch nur Erbtheorie der Intelligenz zu tun. Selbst seine Befürchtung der absehbaren Verschlechterung der Humankapitalausstattung des Landes kommt weitgehend ohne erbtheoretische Annahmen aus.

Die beobachtbare unterschiedliche Humankapitalausstattung der Schichten und deren unterschiedliche Reproduktionsraten, die beide selten oder nie bestritten werden, reichen völlig aus, um die Verschlechterung der Humankapitalausstattung erwarten zu lassen! Auch wenn man die erbliche Komponente der Intelligenz für schwach hält, muss die höhere Reproduktionsrate der weniger Intelligenten, der weniger gut Ausgebildeten und derjenigen, die auf dem Arbeitsmarkt erfolglos sind, Anlass zu Befürchtungen über die künftige Humankapitalentwicklung in Deutschland sein. Dabei unterstelle ich natürlich, dass Eltern ein wichtiger Teil der Umwelt ihrer Kinder sind, dass intelligente und gut ausgebildete Eltern die intellektuelle Entwicklung ihrer Kinder durch Vorbild, Gespräche, die Fähigkeit zur häuslichen Nachhilfe usw. fördern, auch dass im Arbeits- und Berufsleben erfolgreiche Eltern besser als von Sozialtransfers lebende Eltern ihren Kindern glaubhaft den Wert von Arbeit, Disziplin und Anstrengung vermitteln können. Die gegenteilige Auffassung – dass unintelligente und schlecht ausgebildete Eltern, die von Transfers statt von Arbeit leben, die idealen Erzieher und Vorbilder sind – wird von niemandem vertreten. Wenn man hohe Korrelationen zwischen Intelligenzquotienten, Ausbildung und Berufserfolg unterstellt (Herrnstein and Murray 1994, S. 72–74; Rindermann 2006; Vernon 1979), dann ist die so viele Emotionen auslösende Frage von Anlage oder Umwelt als Determinanten der Intelligenzentwicklung ziemlich belanglos für die Ableitung von pessimistischen Prognosen bei erhöhter Reproduktionsrate der Erfolglosen, wobei der Misserfolg über Intelligenztests, Ausbildungsschwächen oder den Arbeitsmarkt erfasst werden kann.[7]

Sarrazins Pessimismus zur künftigen Humankapitalentwicklung in Deutschland beruht nicht nur auf den unterschiedlichen Reproduktionsraten von Schichten, sondern auch von Menschen mit deutschen Vorfahren und Migranten. Wieder benötigt Sarrazin zur Begründung seiner Befürchtungen keinerlei Annahmen über Vererbung oder gar Rasse. Es reicht aus, darauf hinzuweisen, dass in Deutschland nun mal Deutsch die Verkehrs-, Amts- und Arbeitssprache ist, dass Defizite bei den Kenntnissen dieser Sprache auf dem Arbeitsmarkt nachteilig sind, dass zugewanderte Menschen es deshalb etwas schwerer als Deutsche haben müssen, dass Zuwanderer in der Regel nicht die besten Deutschlehrer für ihre Kinder sein können. Weil die Muttersprache nun mal die Sprache der Mutter ist, ist der Zuzug von jungen Frauen, die bald Mütter werden, besonders belastend. Wenn hinzukommt, dass die Zuwanderer keine Zufallsauswahl aus ihrem Herkunftsland darstellen, sondern mehrheitlich den bildungsfernen Schichten ihrer Heimat entstammen, dann verstärken der negative Schichten- und der negative Migrationseffekt auf die Humankapitalbildung bei den Kindern einander.[8] Was man Sarrazin vorwerfen kann, ist also erstens, dass er die Notwendigkeit erbtheoretischer Argumente für seine Prognosen zur Humankapitalbildung in Deutschland überschätzt (dass man den Trend auch wie er begründen kann, will ich nicht bestreiten), zweitens vielleicht auch, dass er das Ausmaß widerspruchsfreier Unterstützung für die erbtheoretische Position etwas überschätzt. Beide Vorwürfe rechtfertigen keine moralische Entrüstung, sondern nur sachliche Bedenken. Zur Erinnerung: Gewissheit über den Besitz der Wahrheit kann es nicht nur bei Sarrazin, sondern auch bei mir oder Kritikern Sarrazins nicht geben. Will wirklich jemand behaupten, dass moralische Empörung oder Tabuisierung hilfreicher als eine sachliche Debatte sein kann? Oder haben diejenigen Politiker, die Sarrazin schnell und ohne gründliche Lektüre verurteilt haben, Angst vor einer Debatte über die Einwanderung nach Deutschland, die in einigen Städten, Stadtvierteln und Schulen unübersehbare Probleme erzeugt hat (Ulfkotte 2010; Wehler 2010)? Dabei könnte ja die besondere Verantwortung der Politik thematisiert werden. Kein Mensch hat es ja gern, dass über seine Fehlentscheidungen gesprochen wird.

Abgrund oder Reformen?

Sarrazin sieht Deutschland auf dem Weg in den Niedergang. Es erstaunt allerdings, dass Sarrazin als ausgebildeter Ökonom, ehemaliger Finanzsenator eines hoch verschuldeten Bundeslandes und zeitweiliges Vorstandsmitglied der Bundesbank so viele ökonomische Themen gar nicht oder nur am Rande behandelt. Die steigende und massive Staatsverschuldung in Deutschland könnte einen ja auch beunruhigen. Man könnte auch vermuten, dass der Sozialstaat an sich die Leistungsanreize schwächt. Um den Bedürftigen und Erfolglosen geben zu können, muss der Staat ja von den im Beruf und auf dem Markt Erfolgreichen nehmen. Der Sozialstaat muss Erfolg bestrafen und Misserfolg belohnen. Wenn die Menschen das merken, dann sollte man eine Abnahme der Leistungsbereitschaft erwarten (Weedef 2008). Dazu, wie man den Kollateralschaden aus Besteuerung zwecks Finanzierung von Sozialleistungen minimiert[9] oder zum Thema der Generationengerechtigkeit, das ja auch mit der demographischen Entwicklung zusammenhängt, findet man bei Sarrazin wenig. Ich kann mir Sarrazins Zurückhaltung bei diesen Themen nur damit erklären, dass er Sozialdemokrat ist und bleiben will, ihm aber keine Argumente einfallen, die zur Problemlösung beitragen und in seiner Partei mehrheitsfähig sind. Ausflüge in die ökonomische Vernunft bei Schröder (Agenda 2010) oder Müntefering (Rente ab 67) führten ja bald zu aktiver Reue des neuen Parteivorstandes der Sozialdemokraten.

Was bei Sarrazin im Mittelpunkt seiner politischen Reformgedanken steht, sind einmal Arbeitszwang für arbeitsfähige Sozialtransferbezieher jeglicher Herkunft (workfare), außerdem die Beendigung der Einwanderung in die Sozialsysteme, und verschiedene Anreize dazu, dass gut ausgebildete Menschen sich leichter für Kinder entscheiden können. Außerdem sollen massive Verbesserungen des Betreuungsangebots für Kleinkinder und Ganztagsschulen mit mehr Disziplin zur besseren Ausschöpfung der vorhandenen Potenziale führen. Die Beendigung der Einwanderung in die Sozialsysteme bei gleichzeitig von Sarrazin befürworteter Offenheit für hochqualifizierte Zuwanderer aus aller Welt ist zwingend, wenn man Sarrazins oben besprochene Diagnose akzeptiert. Interesse an der künftigen Leistungsfähigkeit der deutschen Wirtschaft und des deutschen Staates kann, aber muss nicht auf patriotischen Wertvorstellungen beruhen.[10] Jeder, der Renten-, Pensions- oder Sozialleistungsansprüche gegen den deutschen

Staat auch künftig geltend machen möchte, muss daran interessiert sein. Das gilt unabhängig vom Vorhandensein oder Ausmaß patriotischer Auffassungen. Man muss nur fordern, dass der Staat seine Versprechungen einlösen sollte.

Der befürwortete Ausbau des staatlichen Betreuungsangebots an Kindergärten und Schulen wird viele Anhänger finden. Wenn ich mir die Misere vieler öffentlicher Schulen in vielen Ländern, durchaus auch in Deutschland, wie Sarrazin als Berliner weiß, vor Augen führe, dann kann ich Zweifel an der Leistungsfähigkeit des Staates, ja an der fast überall im Erziehungswesen dominierenden Planwirtschaft, nicht unterdrücken.[11] Von Friedman oder Hayek inspirierte freiheitliche Bedenken sind dem Sozialdemokraten Sarrazin eher fremd. Auch wie sich die ihm und vielen anderen Politikern vorschwebenden Maßnahmen zur Professionalisierung der Sozialisation – man könnte es auch Verstaatlichung von Kindheit und Jugend nennen – auf den Anreiz auswirken, Kinder zu bekommen, bleibt offen. Anreize für gut ausgebildete junge Leute, sich für Kinder zu entscheiden, hält er für wichtig. Dabei setzt er unter anderem auch auf besondere finanzielle Anreize für gebildete Eltern. An der politischen Durchsetzbarkeit zweifelt er selbst. Ob eine Kinderprämie von 50 000 Euro pro Geburt gerade bei intelligenten und gut ausgebildeten Eltern, bei Sarrazins Zielgruppe, ausschlaggebend wäre, kann niemand mit Sicherheit wissen. Gewisse Erfolge der pronatalistischen Politik in Frankreich passen zu Sarrazins Optimismus, die noch bessere Reproduktionsrate in den USA (auch in den gebildeten Schichten) ohne eine derartige Politik, sogar ohne Familienförderung auch nur auf dem Niveau des deutschen Sozialstaates, passt eher zur Skepsis in dieser Frage.

Den Ernst der Lage Deutschlands erkannt zu haben, wird man als bleibendes Verdienst Sarrazins festhalten müssen.[12] Besonders gut wird bei ihm die langfristige Unvereinbarkeit des existierenden deutschen Sozialstaates einerseits und für Migranten offene Grenzen bei Verzicht auf vom Aufnahmeland durchgesetzte Kooptationsvoraussetzungen andererseits herausgearbeitet. Weil viele Menschen den Sozialstaat und offene Grenzen gleichermaßen für wertvoll halten, ist sein Verweis auf Widersprüche zwischen diesen beiden Zielen natürlich unwillkommen. Weil Sarrazin implizit den Politikern vorwirft, die Unvereinbarkeit zweier Ziele nicht zu sehen, muss er der Politik lästig sein. Das bedeutet nicht, dass er Unrecht hat. Zwar ist die Behauptung dieser Unvereinbarkeit mit Sarrazins Bekenntnis zu einer positiven Bewertung von deutscher Sprache und Kultur kompatibel, aber ich hoffe gezeigt zu haben, dass diese Wertprämisse überflüssig und folgenlos für die Herleitung der Unvereinbarkeit ist. Man kann die Aufgabe von Sozialwissenschaftlern geradezu darin sehen, die Politik auf Zielkonflikte aufmerksam zu machen. Wie die Wahl oder Abwägung ausfällt, ist weitgehend eine Wertentscheidung. Je mehr man Gleichheit und soziale Sicherheit schätzt, desto mehr Gewicht muss man auf die Erhaltung des Sozialstaates legen. Als Sozialdemokrat neigt Sarrazin zu dieser Position. Je mehr man die individuelle Freiheit schätzt (einschließlich der Freiheit, den Staat zu wechseln), desto mehr Hemmungen muss man haben, die Grenzen dicht zu machen.

Hier muss allerdings noch ein bei Sarrazin angesprochenes Problem in *allen* seinen Folgen und damit über ihn hinausgehend analysiert werden. Offene Grenzen und unterschiedliche Reproduktionsraten, die man ja feststellen kann, werden dazu führen, dass in wenigen Generationen der Anteil der Zuwanderer an der Gesamtbevölkerung gewaltig steigen wird. Es könnte bald ein Deutschland mit einer autochthonen Mittel- und Oberschicht und einer von Zuwanderern abstammenden Unterschicht geben.

Über Einkommen und Bildung definierte Schichten würden mit der weltanschaulichen Konfliktlinie zwischen deutschen Christen oder Agnostikern einerseits und zugewanderten Muslimen andererseits zusammenfallen.[13] Manche Sozialwissenschaftler halten die gegenseitige Verstärkung von Klassenkonflikten, Religionskonflikten und ethnischen Konflikten geradezu für ein Rezept für politische Instabilität oder den Bürgerkrieg (vgl. von der Mehden 1973; Rogowski 1974).[14] Als Konfliktforscher kann man aus einer rückläufigen autochthonen Bevölkerung eher die Abnahme als die Zunahme der Aufnahmefähigkeit Deutschlands für Zuwanderer ableiten. Um Instabilität und Bürgerkrieg abzulehnen, muss man nicht Patriot sein oder sich zur deutschen Sprache und Kultur bekennen. Auch Bürgerkriegsflüchtlinge aus dem Libanon oder Jugoslawien können kein Interesse daran haben, dass in Deutschland Verhältnisse entstehen, die sie zur Flucht aus der Heimat gezwungen haben. Massive Zuwanderung vor allem aus dem islamischen Kulturkreis könnte auch mit der politischen Stabilität Deutschlands langfristig unvereinbar sein.

Sarrazin und seine heftigsten Kritiker überschätzen die Funktion von umstrittenen Werturteilen in seiner Analyse. Wer das nicht tut, kann Sarrazin für seine Analyse von Zielkonflikten, denen deutsche Politiker sich nicht stellen wollen, dankbar sein. Auch wer Massenzuwanderung, Sozialstaat und politische Stabilität gleichermaßen positiv beurteilt und wünscht, stellt damit keine Kompatibilität aller drei Ziele her.

Anmerkungen

1 Sinns (2004, S. 389) Vorschlag – Kinderrente für Eltern und Riester-Rente für Kinderlose – ist von unseren Politikern ja nie ernsthaft aufgegriffen worden. An dieser Stelle kann es nicht darum gehen, ob Sinns Vorschlag

das Optimum ist oder nicht, sondern nur darum, dass seine Antwort wenigstens der Größenordnung der demographischen Herausforderung gerecht wird.

2 Bonin (2006) vertritt hier eine optimistische Auffassung, die mich deshalb nicht überzeugt, weil hier die allgemeinen Verwaltungskosten, die Rechtspflege und das Militär anteilig nicht auf die Zuwanderer umgelegt werden. Wenn Ulfkottes (2010) Aussagen über die Kriminalität von Zuwanderern auch nur eine gewisse Ähnlichkeit mit der Wahrheit haben, dann ist die Nichtberücksichtigung der Rechtspflege mehr als problematisch. Allgemein zu den Argumenten, die für oder gegen Zuwanderung sprechen, vgl. Weede (2007).

3 Nach Zimmermann et al. (2007, S. 27) ist der Anteil der arbeitenden Ausländer in Deutschland seit Anfang der 1970er Jahre nahezu konstant, der der nicht arbeitenden Ausländer aber von ca. 3 auf 7 % (bis vor ca. 5 Jahren) der Bevölkerung gestiegen. Das spricht für eine Verschlechterung der fiskalischen Bilanz.

4 Wieder findet man in der Wissenschaft, aber nicht in der Politik, Überlegungen dazu, wie man durch Zuwanderung die Humankapitalausstattung der eigenen Gesellschaft nachhaltig verbessern könnte. Ein Nobelpreisträger für Wirtschaftswissenschaft denkt an den Verkauf von Zuzugsberechtigungen, ein hoher amerikanischer Richter an Intelligenztests (Becker and Posner 2009, S. 37–42).

5 Zur Intelligenz von Juden gibt es einen interessanten Beitrag (Murray 2007) in Commentary.

6 Inzwischen wird auch schon die These vertreten (Dickens and Flynn 2001), dass selbst hohe Erblichkeitsschätzungen mit starken Umwelteinflüssen auf die Intelligenz kompatibel sind.

7 Siehe auch Heiner Rindermann/Detlef H. Rost, S. 77 in diesem Band.

8 Damit zusammen hängen die Probleme der Kettenzuwanderung und der Gettobildung. Für die Zuwanderer werden die Anpassungskosten und der Anpassungsdruck, damit die Integrationsgeschwindigkeit, durch Kettenzuwanderung und Gettobildung gesenkt. Wenn schon Verwandte, Bekannte und Nachbarn aus Anatolien oder Kurdistan in dem Stadtviertel wohnen, wo man hingeht, dann muss man nicht unbedingt Deutsch lernen. Wenn der Türke als Nachbarn Brasilianer und Chinesen hätte – also Menschen, mit denen ihn keine gemeinsamen Sitten, Religion oder Sprache verbin-

den – dann wäre der Integrationsdruck fast so stark, wie wenn ein einzelner Türke nur unter Deutschen lebte.

9 Hohe und steigende Steuerlasten beeinträchtigen das Wirtschaftswachstum (Romer and Romer 2010). Auch, über welche Steuern der Staat sich finanziert, beeinflusst das Wachstum. Unternehmenssteuern und hohe progressive Einkommensteuern beeinträchtigen das Wachstum stärker als Konsumsteuern oder Grundsteuern (Arnold 2008).

10 So ganz belanglos ist der Patriotismus allerdings nicht. Denn die Bereitschaft, auch ohne Rechtsgrundlage auf Kosten der Steuerzahler zu leben, ist umso höher, je weniger ausgeprägt der Patriotismus ist (Heinemann 2008). Es ist kaum vorstellbar, dass Zuwanderer schnell deutsche Patrioten werden und die Hemmungen gegen ungerechtfertigte Transfers entsprechend schnell aufbauen.

11 Wegen des fast überall im Westen dominierenden Einflusses des Staates im Bildungsbereich, von der Grundschule bis zur Hochschule, fehlen hier die positiven Auswirkungen des Wettbewerbs. Zu den positiven Effekten von nicht-staatlichen Schulträgern vgl. etwa Coleman (1988) oder West und Wößmann (2010).

12 Dass man ähnlich dramatische Diagnosen auch bei Birg (2005) oder Sinn (2004) schon früher lesen konnte, mindert Sarrazins Verdienst nicht. Offensichtlich muss man den Politikern das Übersehen von Problemen schon schwer machen.

13 Es ist schon auffällig, dass der neue deutsche Bundespräsident ausgerechnet am 3. Oktober zwar die Muslime in Deutschland willkommen geheißen hat, aber nicht darauf verwiesen hat, dass auch der Agnostizismus oder Atheismus seit der Aufklärung in Deutschland Tradition hat. Mit der Wiedervereinigung hat der Anteil der Agnostiker in Deutschland deutlich zugenommen.

14 Wer meine Präferenz für die quantitative und international vergleichende (ökonometrische) Überprüfung von Hypothesen kennt, wird sich wundern, warum ich hier nicht diese Literatur zitiere. Das hängt damit zusammen, dass ich den üblichen Indikator der ethno-linguistischen Fraktionierung für völlig untauglich halte. Wie hoch die Wahrscheinlichkeit ist, dass zwei zufällig herausgegriffene Individuen eines Landes zur selben Bevölkerungsgruppe gehören, dürfte für das Konfliktgeschehen ziemlich unerheblich sein.

Literatur

Arnold, Jens (2008): Do Tax Structures Affect Aggregate Economic Growth? Empirical Evidence from a Panel of OECD Countries. Paris: OECD Economics Department Working Paper No. 643.

Becker, Gary S., and Richard A. Posner (2009): Uncommon Sense. Economic Insights from Marriage to Terrorism. University of Chicago Press, Chicago.

Birg, Herwig (2005): Die demographische Zeitenwende. Der Bevölkerungsrückgang in Deutschland und Europa. 4. Aufl. Beck, München.

Bonin, Holger (2006): Der Finanzierungsbeitrag der Ausländer zu den deutschen Staatsfinanzen: Eine Bilanz für 2004. IZA Discussion Paper 2444, Bonn.

Coleman, James R. (1988): Social Capital in the Creation of Human Capital. American Journal of Sociology 93 (Supplement), S. 95–120.

Dickens, William T., and James R. Flynn (2001): Heritability Estimates Versus Large Environmental Effects: The IQ Paradox Resolved. Psychological Review 108(2), S. 346–369.

Flynn, James R. (1987): Massive IQ-Gains in 14 Nations: What IQ Tests Really Measure. Psychological Bulletin 101, S. 171–191.

Heinemann, Friedrich (2008): Is the Welfare State Self-Destructive? A Study of Government Benefit Morale. Kyklos 61(2), S. 237–257.

Herrnstein, Richard J., and Murray, Charles (1994): The Bell Curve: Intelligence and Class Structure in American Life. Free Press, New York.

Jones, Garett, W. Joel Schneider (2006): Intelligence, Human Capital and Economic Growth. Journal of Economic Growth 11(1), S. 71–93.

Kuhn, Thomas S. (1976): Die Struktur wissenschaftlicher Revolutionen. 2. Aufl. Suhrkamp, Frankfurt.

Lakatos, Imre (1974): Die Geschichte der Wissenschaft und ihre rationalen Rekonstruktionen. In Imre Lakatos und Alan Musgrave (eds.): Kritik und Erkenntnisfortschritt. Vieweg, Braunschweig.

Murray, Charles ((2007): Jewish Genius. Commentary 123(4), S. 29–35.

Peterson, Peter G. (2004): Running on Empty. Farrar, Straus, and Giroux, New York.

Rindermann, Heiner (2006): Was messen internationale Schulleistungsstudien? Schulleistungen, Schülerfähigkeiten, kognitive Fähigkeiten, Wissen oder allgemeine Intelligenz? Psychologische Rundschau 57(2), S. 69–86.

Rogowski, Ronald (1974): Rational Legitimacy. Princeton University Press, Princeton.

Romer, Christina D., and David H. Romer (2010): The Macroeconomic Effects of Tax Changes: Estimates Based on a New Measure of Fiscal Shocks. American Economic Review 100, S. 763–801.

Sarrazin, Thilo (2010): Deutschland schafft sich ab. Wie wir unser Land aufs Spiel setzen. DVA, München.

Sinn, Hans-Werner (2004): Ist Deutschland noch zu retten? Econ, München.

Ulfkotte, Udo (2010): Kein Schwarz. Kein Rot. Kein Gold. Armut für alle im ›Lustigen Migrantenstadel‹. Kopp, Rottenburg.

Vernon, Philip E. (1979): Intelligence. Heredity and Environment. Freeman, San Francisco.

Von der Mehden, Fred R. (1973): Comparative Political Violence. Prentice-Hall, Englewood Cliffs, NJ.

Weede, Erich (2003): Intelligenztests, Humankapital und Wirtschaftswachstum: eine international vergleichende Studie. List-Forum für Wirtschafts- und Finanzpolitik 29(4), S. 390–406.

— (2007): Zuwanderung: Pro und Contra. Selektiv oder bedingungslos? List-Forum für Wirtschafts- und Finanzpolitik 33(4), S. 291–309.

— (2008): Unternehmerische Freiheit und Sozialstaat. Thuß & van Riesen, Jena.

Wehler, Hans-Ulrich (2010): Ein Buch trifft ins Schwarze. Anstatt über Sarrazins Thesen zu diskutieren, erteilt die regierende politische Klasse dem Autor ein politisches Berufsverbot. Die Zeit 41, 7. Oktober, S. 55.

West, Martin, und Ludger Wößmann (2010): Every Catholic Child in a Catholic School. Economic Journal 120(546), S. 229–255.
Zimmermann, Klaus F., Holger Bonin, Rene Fahr, Holger Hinte (2007): Immigration Policy and the Labor Market: The German Experience and Lessons for Europe. Springer, Heidelberg.

7. Intelligenz, Kultur und Gesellschaft – Thilo Sarrazin und seine Thesen

Heiner RINDERMANN, Detlef H. ROST

Intelligenz als „heißes Eisen“ und gesellschaftlich bedeutsames Thema

Lawrence Summers, Professor für Wirtschaftswissenschaften, 2008 bis Ende 2010 Obamas Wirtschaftsberater, äußerte 2005 als Präsident der Harvard-Universität auf einer Konferenz, die Dominanz von Männern in Mathematik und Naturwissenschaften ginge neben anderen Faktoren auch auf Intelligenzunterschiede zurück. Denn bei Hoch- und Minderbegabten sei das männliche Geschlecht deutlich überrepräsentiert. Daraufhin brach in den USA ein Orkan der Entrüstung los; Summers wurde kruder Sexismus vorgeworfen. Neunundsiebzig Naturwissenschaftler und Professoren veröffentlichten ein harsches Protestschreiben im angesehenen Fachjournal *Science*.[1] Unter dem Druck, nur „politisch Korrektes“ sagen zu dürfen, entschuldigte sich Summers zwar mehrfach öffentlich für seine Äußerungen, musste aber dennoch in Folge der angeheizten Diskussion um seine Äußerung seinen Präsidentenposten an der Universität Harvard aufgeben.

Aber es gab eigentlich wenig oder nichts zu entschuldigen: Kein seriöser Intelligenzforscher bestreitet nämlich geschlechtsbezogene Häufigkeitsunterschiede im oberen IQ-Bereich und insbesondere im Leistungsfeld Mathematik (Benbow, 1988);[2] ebenso wenig wird die große Bedeutung kognitiver Fähigkeiten für

Leistungsexzellenz angezweifelt. Schon im Grundschulalter deutet sich an, was sich dann später noch verstärkt: Betrachtet man diejenigen Drittklässler, die bezüglich der allgemeinen Intelligenz einen Mindest-IQ von 130 erreichen, also etwa zu den besten zwei Prozent ihres Altersjahrgangs gehören, zeigt sich ein Verhältnis von Jungen zu Mädchen wie 57 % zu 43 % (Rost, 2009).[3] Bei extrem Hochintelligenten öffnet sich diese Schere weiter bis zu einem Verhältnis von etwa 80 % zu 20 % (Nyborg, 2003; Deary, Thorpe, Wilson, Starr & Whalley, 2003).[4] Vier Gründe werden hierfür diskutiert: Zum einen wurde in diversen Studien ein kleinerer, für die Lebensbewältigung im Alltag unwesentlicher Mittelwertsunterschied in der allgemeinen Intelligenz (g) zugunsten der Männer gefunden, wenn man nicht IQ-Tests verwendete, die konstruktionsbedingt geschlechtsbezogene Intelligenzunterschiede minimieren. Zum anderen, und das ist bedeutsamer, streuen beim männlichen Geschlecht die einzelnen Werte der Häufigkeitsverteilung stärker um den Mittelwert als beim weiblichen Geschlecht. Weiterhin gibt es nennenswerte, u. a. mit der geschlechtsspezifisch unterschiedlichen hormonellen Steuerung zusammenhängende Leistungsvorteile von Jungen und Männern in der Raumvorstellung, also in einer Intelligenzfacette, die besonders bei der Arbeit in den Naturwissenschaften benötigt wird (Geiser, Lehmann & Eid, 2008).[5] Schließlich, und auch das ist wissenschaftlicher Konsens, weisen Jungen und Männer in der Mathematik, die eine zentrale Voraussetzung für Exzellenz in den Naturwissenschaften ist, im Durchschnitt höhere Leistungen auf (Benbow, 1988).

Diese Gründe zusammengenommen führen dazu, dass am obersten Ende der Intelligenzverteilung, d. h. im Hochbegabungsbereich, Jungen und Männer überrepräsentiert sind – die größere Varianz des männlichen Geschlechts führt aber auch zu einer Überrepräsentation der Jungen und Männer bei den schwach Begabten. Selbstverständlich stellen Fähigkeitsunterschiede aber nicht die alleinige Ursache von Erfolg und Misserfolg dar, sondern auch kulturell geprägte Lebensorientierungen, und diese sind nicht unabhängig von gesellschaftlichen Bedingungen, die beide längs der Zeit und über Länder hinweg variieren. So weisen heute Mädchen im Schnitt bessere schulische Leistungen auf als Jungen, zum Teil sogar im Fach Mathematik! Monokausalmodelle gehen an der Komplexität psychisch-sozialer Wirklichkeit vorbei.

Die deutsche Öffentlichkeit erfährt nun durch das enorme Echo auf einige vorab gedruckte Auszüge aus Sarrazins Buch und durch die emotional unterbauten Diskussionen, die das Buch nach seinem Erscheinen zusätzlich ausgelöst hat, manche gesellschaftlich heiklen Details über das Zusammenspiel von Intelligenz, Wirtschaft, Religion und Demografie. Für viele ist es schockierend, dass Intelligenz im Kontext von Minderheiten, Vererbung und dem Islam genannt wird. Es besteht die Gefahr der Stereotypisierung: Als Folge können Angehörige benannter Gruppen unabhängig von ihren individuellen Merkmalen mit negativen Attributen belegt werden. Deshalb ist bei diesen Themen besondere Sorgfalt in Forschung und Begrifflichkeit – politisch wie ethisch – geboten.

Sarrazins dicker Megaseller – innerhalb von wenigen Wochen wurden mehr als eine Million Exemplare verkauft – ist gespickt mit Zahlen, Tabellen, deutschen und englischen Zitaten und Forschungsergebnissen aus den Bereichen „Intelligenz“, „Bildung“, „Wirtschaft“, „Kultur“ und „Demografie“, die unter dem Gesichtspunkt der Relevanz für unsere Gesellschaft und Kultur miteinander verknüpft werden. Sarrazin argumentiert, zumindest was das Psychologische angeht, für einen Laien bemerkenswert differenziert; Korrelation wird von Kausalität unterschieden, andere Ansichten werden zitiert und argumentativ bewertet. Stichprobenartig haben wir im Buch abgedruckte Tabellen mit den jeweiligen Quellen verglichen und Sarrazins Berechnungen nachgeprüft; nennenswerte Fehler konnten wir in diesen Stichproben nicht finden. Obwohl fachfremd, scheint Sarrazin das, was er in psychologischen Fachbüchern gelesen hat, im Wesentlichen verstanden zu haben. Manche Details (z. B. was bedeutet „Erblichkeit“) hätte man aber präziser und ausführlicher darstellen können.

Sarrazin liebt eine klare Sprache, er spricht seine Ansichten und Bewertungen und das, was er für wahr und richtig hält, deutlich aus. Sein Buch ist im Grunde genommen eine Art Kampfschrift für die bürgerlichen Tugenden Stabilität und Disziplin, Eigenverantwortung und Leistungsprinzip, Realismus und Pragmatismus, Erziehung und Fleiß. Dazu passend zitiert er aus der Philosophie zwei Ursprungswerke bürgerlichen Denkens, Aristoteles *Nikomachische Ethik* und Hegels *Rechtsphilosophie*.

Gestützt auf unsere Expertise als Psychologen fokussieren wir in unserem Beitrag Sarrazins fünf intelligenz- und bildungsbezogene Hauptthesen, nicht aber die ebenso im Buch umfangreich behandelten volkswirtschaftlichen und bevölkerungswissenschaftlichen Daten, Modelle, Interpolationen und Interpretationen.

These: Intelligenz ist wichtig für Wohlstand und Wachstum

Sarrazin führt aus, Intelligenz und Bildung, daneben auch Persönlichkeitsmerkmale und (Sekundär-)Tugenden wie Pünktlichkeit, seien besonders wichtig für den Erfolg einer Gesellschaft.

Dass kognitive Kompetenzen nicht wenig mit nachhaltigem Wirtschaftserfolg zu tun haben, stellt die Grundlage der durch die Wirtschaftsorganisation OECD durchgeführten internationalen Schulleistungsvergleiche wie PISA, IGLU und andere dar. Empirische Untersuchungen belegten hohe Korrelationen zwischen kognitiven Kompetenzen – seien sie durch Intelligenztests oder durch Schulleistungstests gemessen – und dem Bruttoinlandsprodukt wie dem Wirtschaftswachstum. Unklar ist jedoch der Ursache-Wirkungs-Zusammenhang: Führt Intelligenz zu Wohlstand, oder ist es nicht vielmehr umgekehrt, hat Wohlstand eine höhere Intelligenz zur Folge? Stehen vielleicht hinter diesem Zusammenhang unbekannte weitere Faktoren? Um diese Fragen einigermaßen seriös beantworten zu können, müssen Entwicklungen über Jahrzehnte hinweg unter Kontrolle relevanter Faktoren wie wirtschaftlicher Freiheit analysiert werden. In solchen Studien deutete sich an, dass Intelligenz für die Wohlstandsentwicklung in der Moderne wichtiger ist als z. B. ökonomische Freiheit (Rindermann, 2008a, 2008b, 2009).[6] Andererseits beeinflusst auch Wohlstand die Intelligenz von Nationen, etwa über eine bessere Ernährung, eine bessere Gesundheitsversorgung und ein besseres Schulsystem. Die Wirkwege bleiben allerdings offen. Erst bei näherer Analyse wird deutlich, dass insbesondere das Fähigkeitsniveau der kognitiv Leistungsfähigsten einer Gesellschaft besonders relevant ist, weil diese Personen für technische Innovationen und deren Adaptation, für die Steuerung in Betrieben und Verwaltungen und für die Funktionalität komplexer Systeme die größte Verantwortung tragen (Rindermann, Sailer & Thompson, 2009).[7] Außerdem sind kognitive Kompetenzen von der Qualität der Erziehung und Bildung abhängig (Rindermann, 2008; Rindermann & Ceci, 2009).[8] Intelligenz ist immer ein in Kausalnetze eingebundener Faktor. Je komplexer ein Wirtschaftssystem ist, desto mehr hängen seine Erfolge von kognitiven Kompetenzen ab.

Daneben sind Bildung und Kompetenzen auch für politische

Einstellungen und Institutionen bedeutsam, für Toleranz, Liberalität, Demokratie und Rechtsstaatlichkeit: Mehrheitsprinzip und Entscheidungsfindung über Wahlen implizieren, dass die Mehrheit der Wähler erkennen kann, was gut für sie und für das Land ist, dass abweichende Meinungen toleriert werden und dass Personen bestimmte demokratisch-ethische Werthaltungen teilen. Größere Untersuchungen zur kognitiven Epidemiologie, ein junges psychologisches Forschungsgebiet, haben belegt, dass Bildung und Intelligenz, auch wenn man den Wohlstand kontrolliert, positiv mit Gesundheit und Lebenserwartung zusammenhängen: Intelligentere Personen haben mehr gesundheits- und krankheitsbezogenes Wissen, verhalten sich im Durchschnitt gesünder und verfügen über eine höhere biopsychische Systemintegrität (Lubinski, 2009; Rindermann & Oesterdiekhoff, 2008).[9] Nicht zuletzt ermöglicht Intelligenz über den Erfolg in Ausbildungssystemen und Beruf, in gesündere Umwelten zu gelangen. Internationale Unterschiede in der HIV-Belastung lassen sich beispielsweise besser durch Unterschiede in Bildung und Intelligenz erklären als durch Wohlstandsdivergenzen.

In all diesen Wirkprozessen dürfen die Zusammenhänge mit der allgemeinen Intelligenz (g) nie deterministisch interpretiert werden; eine höhere Intelligenz erhöht lediglich *Wahrscheinlichkeiten* für positive Effekte und senkt diese für Risiken (umfassend siehe Jensen, 1998; Eysenck, 2004; Rost, 2009).[10] Die Genese von Intelligenz ist weniger auf ökonomische Faktoren, sondern auf kulturell-pädagogische und auf heute im Einzelnen noch unbekannte, vermutlich sehr zahlreiche genetische Determinanten zurückführbar. Damit steht diese Position einem deterministischen Sozialkausalmodell entgegen: Nicht äußere, vom Individuum, einer Familie oder einer Gesellschaft unbeeinflussbare Faktoren, sondern interne, mindestens teilweise veränderbare Faktoren, sind entscheidend. Diese gegensätzlichen Denkweisen sind vielleicht auch mitverursachend für die Heftigkeit der Diskussion um Sarrazins Buch.

These: Intelligenz ist das Ergebnis von Erb- und Umwelteinflüssen

Zur Erklärung, warum sich einzelne Personen voneinander unterscheiden, sind Merkmale der familiären Umwelt von großer Bedeutung: Hinter elterlichen Bildungs- und Erziehungsmerkmalen, bildungsmaterieller Ausstattung (z. B. Anzahl der in einer Familie vorhandenen Bücher) und Quantität und Qualität der sprachliche Interaktionen der Familienmitglieder untereinander können aber auch unerkannte genetische Faktoren stehen. Aufgrund vieler Zwillings-, Adoptions- und Patchworkfamilienstudien aus den unterschiedlichsten Ländern wissen wir, dass sich Intelligen*zunterschiede* von Menschen zu 50 bis 80 % durch genetische Faktoren aufklären lassen; bei Älteren und unter günstigen Umweltbedingungen ist der Einfluss genetischer Faktoren auf die *interindividuelle Variabilität* kognitiver Leistungen deutlich stärker als bei jüngeren Kindern und unter ungünstigen Umweltbedingungen (Plomin, DeFries, McClearn & McGuffin, 2008).[11] Die von Sarrazin angeführten Zahlen für die Heritabilität der Intelligenz, d. h. für die Aufklärung diesbezüglicher Unterschiede zwischen Menschen, sind korrekt. Sie gelten aber nicht für das jeweilige Individuum als Anteile seiner Intelligenz, etwa drei Viertel von den Eltern geerbt und ein Viertel durch die Schule erworben (darauf und auf diese Unklarheit in Sarrazins Interviewäußerungen hatte Elsbeth Stern zutreffend hingewiesen), sondern nur für Unterschiede zwischen Personen. Und sie sind, wie alle Erblichkeitsindizes, immer nur vor dem Hintergrund der jeweiligen Umweltverhältnisse interpretierbar. Ändert sich die Homogenität der Umwelt, ändern sich zwangsläufig auch die Heritabilitätskennwerte. Für das Intelligenz*wachstum* ist dagegen das System der formalen Bildung (Krippe, Kindergarten, Schule, Universität) ein entscheidender Faktor. Wegen seiner Wichtigkeit wollen wir das etwas ausführlicher belegen:

In der Kindheit und Jugend nimmt die kognitive Leistungsfähigkeit von Kindern und Jugendlichen immer weiter zu, und zwar pro Jahr um ca. fünf IQ-Punkte (Rindermann, im Druck).[12] Rund 75 % dieses Intelligenzzuwachses sind auf das Konto der formellen Bildungsinstitutionen zu verbuchen. Im Alter von ca. 20 bis 25 Jahren, wenn also die meisten Menschen aus den formellen Lehrinstitutionen ausscheiden, hört bei vielen Menschen der Intelligenzzuwachs auf.

Wie ist man zur Erkenntnis gelangt, dass im Kindes- und Jugendalter der Anstieg der kognitiven Leistungsfähigkeit zu etwa drei Viertel auf den Einfluss von Schule und Unterricht zurückgeführt werden kann und nur etwa ein Viertel auf außerschulische Anregungen? Das ist nämlich nicht einfach zu untersuchen, weil in praktisch allen Schulsystemen der entwickelten Länder das Lebensalter und die Schulbesuchsdauer miteinander konfundiert sind. Kinder werden älter und gleichzeitig gehen sie entsprechend länger zur Schule. Was ist der dominante Wirkfaktor für den Zuwachs an kognitiver Leistungsfähigkeit? Das Alter? Die Dauer des Schulbesuchs? Man kann dieses Problem mit Hilfe eines einfachen, aber besonders pfiffigen Untersuchungsplans auflösen. Forscher der Universität Marburg haben das in den 80er Jahren des 20. Jahrhunderts getan (Merz, Remer & Ehlers, 1985).[13]

Bedingt durch die Stichtagsregelung bei der Einschulung befinden sich in jeder Schulklasse jüngere und ältere Kinder. Der eine hat im Januar Geburtstag, die andere im Februar, wieder ein anderer im März, eine weitere im April usw., so dass die jüngsten und ältesten Kinder eines Schuljahrgangs eine Lebensaltersdifferenz von bis zu zehn Monaten aufweisen, sieht man einmal von vorzeitig Eingeschulten oder Sitzengebliebenen ab. Die Marburger Psychologen testeten eine größere Stichprobe von Kindern mit diversen Intelligenztests, und zwar jeweils ziemlich genau um deren zehnten Geburtstag herum. Wer im Juli seinen zehnten Geburtstag feierte, hatte also sechs Monate mehr Schulunterricht bekommen als ein gleich alter (weil ebenfalls am zehnten Geburtstag untersuchter) Schüler, der im Januar geboren und damit im Januar getestet worden war. Der Vergleich der Testleistungen von Schülergruppen mit unterschiedlicher Beschulungsdauer belegte, dass jeder absolvierte Schulmonat je nach Tests zu einem Intelligenzzuwachs von etwa 0,3 bis 0,5 IQ-Punkten führt. Der Vergleich des so objektivierten IQ-Gewinns aufgrund einer zehnmonatigen Beschulungsdauer (das ist ein Schuljahr) mit den Altersnormen der verwendeten Intelligenztests führte dann die Forscher zur Erkenntnis, dass etwa 25 % des individuellen Intelligenz*zuwachses* auf Reifungseffekte und außerschulische Anregungen, aber rund 75 % auf den genossenen Unterricht zurückführbar sind (Ceci, 1991).[14]

Dieser Befund ist übrigens mehrfach und in ähnlicher Größenordnung von einer weiteren Forschergruppe aus Marburg sowie in unterschiedlichen Kulturen (z. B. in den USA, in Israel, Afrika und Skandinavien) mit etwas anderen Versuchsplänen repliziert worden. Das weist den Schulbesuchsdauereffekt als besonders vertrauenswürdig und verallgemeinerbar aus.

Die Relevanz dieses Befundes im Zusammenhang mit der Förderung sozial und kognitiv benachteiligter Kinder, insbesondere von Migrantenkindern, ist so offensichtlich, dass es diesbezüglich keines Kommentars bedarf. Unterricht ist aus Sicht der Pädagogischen Psychologie und Entwicklungspsychologie ein besonders intensives, ein besonders breit und besonders langfristig angelegtes und damit ein besonders nachhaltiges kognitives Trainingsprogramm: Mehr als 40 Wochen im Jahr, pro Woche fünf Tage, pro Tag sechs Stunden, wird in unterschiedlichsten Inhaltsbereichen (Muttersprache, Fremdsprachen, Mathematik und Informatik, Naturwissenschaften, Geschichte, Geografie, Religion und Ethik, Kunst, Musik, unterstützend Sport) mit wechselnden Methoden und variierenden Trainern („Lehrkräfte") die kognitive Leistungsfähigkeit gefordert und damit auch gefördert.

Unterrichtserfolg hängt aber nicht nur von Techniken der Klassenführung und der Didaktik und damit von Kompetenzen der Lehrkräfte ab, sondern auch von dem, was die Schüler mitbringen: Gute Schulen sind auch wegen ihrer guten Schüler gut. Schwache und schwierige Schüler benötigen besonders gut ausgebildete und engagierte Lehrkräfte.

These: Intelligenz kovariiert in modernen Gesellschaften mit sozialer Schichtung

In einer ständischen Gesellschaft oder Kastengesellschaft wird der Lebenserfolg mit der Geburt weitgehend unabhängig von der eigenen Leistung festgelegt. Einmal unten, immer unten; niedrig geboren, niedrig gestorben. In offenen Gesellschaften hängt der spätere Status wesentlich auch von individuellen Kompetenzen ab. In hoch entwickelten Ländern werden Berufs- und Lebenschancen vor allem über Erfolge im Bildungssystem verteilt. Da Intelligenz, wie kaum mehr zählbare Studien aus aller Welt belegen, ein besonders wichtiger Faktor für den Schul-,

Studien,- Ausbildungs- und Lebenserfolg ist (Gottfredson, 2002; Rost, 2009, Kap. 6)[15] (daneben spielen natürlich auch Persönlichkeitsmerkmale wie Motivation, Fleiß, Arbeitshaltung, Selbstdisziplin und Gewissenhaftigkeit eine Rolle), wird sich langfristig, wenn Leistung eher zum Aufstieg und Nichtleistung zum Abstieg führen, eine Schichtung nach Intelligenz und Persönlichkeit einstellen (Herrnstein & Murray, 1994; Ferguson, Horwood & Ridder, 2005).[16] Je meritorischer eine Gesellschaft ist, desto weniger Ressourcen verbleiben in unteren Schichten, da intelligentere Personen aufsteigen bzw. aufgestiegen sind und ihre Intelligenz über Gene und durch ein intellektuell stimulierendes Entwicklungsmilieu zu nennenswertem Anteil an ihre Kinder weitergeben. Studien aus England haben beispielsweise gezeigt, dass intelligente Kinder aus der Unterschicht aufsteigen können, wenig intelligente Kinder aus der Oberschicht steigen aber nahezu nicht ab; es gibt damit eine Aufstiegsmeritokratie, keine Abstiegsmeritokratie.

Extreme Unterschiede in der Qualität elterlicher Entwicklungsmilieus stabilisieren eine solche Schichtung: Für die USA konnten etwa die Forscher Betty Hart und Todd R. Risley (1995) mit ausführlichen Langzeitbeobachtungen in Familien feststellen, dass dreijährige Kinder aus „Welfare"-Familien von ihren Eltern etwa 10 Millionen Wörter gehört haben, gleichalte Kinder aus „Professional"-Familien von ihren Eltern aber schon 30 Millionen Wörter.[17] Manche Eltern schienen kaum mit ihren Kindern zu sprechen. Die Kinder aus diesen Familiengruppen unterschieden sich dann auch sehr stark in ihrer verbalen Intelligenz. Ausschlaggebend für Intelligenz- und Sprachentwicklung der Kinder war hier also nicht so sehr die Schichtzugehörigkeit oder Ethnie, sondern die Erziehungsqualität und insbesondere das Sprechverhalten der Eltern, was, und das darf nicht ausgeschlossen werden, genetisch mitbeeinflusst ist. Diese Studie gibt einen Hinweis, dass und wie (nicht nur) Migrantenkinder schon früh und nachhaltig intellektuell gefördert werden können: *Erwachsene* (nicht die Peers) sollten mit kleinen Kindern möglichst viel sprechen und den Kindern möglichst viele Sprechanlässe geben. Dabei ist es weniger wichtig, über *was* gesprochen wird, sondern *dass* gesprochen wird, also dass kontinuierlich eine rege verbale Interaktion zwischen Erwachsenen und Kindern stattfindet.

Migrantenkinder, bei denen die familiären Verhältnisse dies nicht zulassen, sollte man deshalb möglichst frühzeitig in eine Kinderkrippe aufnehmen, in der, und das ist sehr bedeutsam, eine hohe sprachliche Interaktionsdichte zwischen Betreuerin und Kind gewährleistet ist, was ausgesprochen kleine Gruppengrößen erfordert. Ähnliches gilt auch für Kindergärten und andere Vorschulinstitutionen und natürlich auch für das Schulalter. Die Einrichtung von Ganztagsschulen, in denen nachmittags Kinder nicht nur verwahrt werden, sondern in denen eine gute Pädagogik realisiert wird, ist deshalb unter dem Gesichtspunkt der Förderung von Kindern aus bildungsfernen Schichten eine vordringliche Aufgabe.

Ähnlich sieht das auch Sarrazin. Investitionen in Bildung und Erziehung sind nicht zum Nulltarif zu haben: Kurzfristig kostet das viel Geld (und günstiger wäre es, wenn es nicht benötigt werden würde), bringt langfristig aber hohe volkswirtschaftliche Renditen.

Thesen zur Bildung und den kognitiven Fähigkeiten von Muslimen

Sarrazins Thesen zum Zusammenhang von Migration, Bildung und Intelligenz sind besonders umstritten. Vorab ist festzuhalten, dass empirische Studien stets nur Mittelwerte berichten. Es gibt eine beträchtliche Variabilität innerhalb der Gruppen, zwischen verschiedenen Gruppen existieren große Überlappungen. Mittelwertsunterschiede führen aber auch zu unterschiedlichen Häufigkeiten schwacher und günstiger Werte. Auch das darf nicht übersehen werden. Für die Praxis kann jedoch immer nur das Individuum von Bedeutung sein.

In der Tat schneiden türkische Immigrantenkinder in Schulleistungs- und Intelligenzteststudien schwach ab. Diese Werte korrespondieren mit ähnlichen Werten in den Herkunftsländern und einer geringeren Bildung Erwachsener sowie einem intellektuell weniger stimulierenden Familienklima. Deshalb sind die Befunde vermutlich gültig. Die Ergebnismuster sind über die Einwanderungsländer hinweg recht robust; dennoch gibt es beachtliche Unterschiede: Türkischstämmige Schüler in den Niederlanden schneiden besser ab als türkischstämmige Kinder in Deutschland. Migranten leisten in Bayern mehr als in Berlin. Die Leistungen von Schülern, nicht nur von Immigranten, hängen also sowohl von Faktoren ab, die die Schüler mitbringen als auch von länderspezifischen Besonderheiten (z. B. Qualität des Schulsystems).

Sarrazin weist auf die genetischen Auswirkungen der Heirat von Verwandten hin, was in muslimischen Gesellschaften weniger verpönt ist, wohl aber in christlich-jüdischen Gesellschaften mit Ausnahme der Adelshäuser. Bei Cousin-Cousinen-Ehen ist im Schnitt die Intelligenz der Nachkommen um drei IQ-Punkte abgesenkt; hinzu kommt ein erhöhtes Risiko für Krankheiten (Woodley, 2009).[18] Nach internationalen Statistiken werden in der Türkei 21 % aller Ehen zwischen Verwandten geschlossen, in Afghanistan 55 %, in Pakistan 61 %, im Schnitt der muslimischen Länder 32 %, in Westeuropa liegt die Häufigkeit unter 1 % (Bittles, 2001).[19] Das würde, auf ein muslimisches Land hochgerechnet, etwa eine Beeinträchtigung von maximal ein bis zwei IQ-Punkten ergeben. Rechnet man hypothetisch Folgeeffekte auf Kinder über die Erziehung und Mehrfachverwandtenheiraten hinzu, dann könnten es bis zu drei oder vier IQ-Punkte sein. Verwandtenehen klären damit nur einen kleineren Anteil der Differenz von im Mittel 10 bis 20 IQ-Punkten auf.

Wichtiger sind die kulturellen Faktoren, die u. a. zu diesen Verwandtenheiraten führen, aber noch entscheidender für Erziehung, Bildung und die Wertschätzung des Denkens sind (Nisbett, 2009).[20] Es ist schwierig, die Wirkung von Religionen und Weltanschauungen auf Erziehung und Bildung und damit auf Intelligenz und umgekehrt von Intelligenz auf Kultur zu bestimmen. Kritisch sind für vorherrschende Richtungen des Islam die Traditionen autoritären Auswendiglernunterrichts, Autoritäts- statt Selberdenkorientierung und autoritäre Erziehung in Familien. Hinzu kommen eine gescheiterte Geschichte der Aufklärung, die geringe Bildung von Frauen und damit der Mütter, ein generell geringes Bildungsniveau der Eltern, das aufzuholen ein bis zwei Generationen dauert. Und schließlich gibt es im Arabischen noch Sprach- und Schriftprobleme.

Das alles ist aber nicht festgezurrt, sondern kann verändert werden. In vielen muslimischen Ländern ist eine Verbesserung der Bildungssituation beobachtbar: So hat die Türkei Ende der 90er Jahre die Schulpflicht von fünf auf acht Jahre hochgesetzt. Im Iran gibt es eine aktive Intellektuellen- und Universitätsszene. In den Golfstaaten werden Universitäten gegründet, welche aber hauptsächlich noch als Ausbildungsschulen, weniger als lebendige Zentren für geistige Auseinandersetzung und Forschung konzipiert sind. Es gibt also in vielen muslimisch geprägten Staaten erste, noch nicht ausreichende Reformen zur Verbesserung von Schule und Unterricht.

These: Die Intelligenz der nachfolgenden Generationen sinkt

Aufgrund abnehmender Kinderzahlen in bildungsorientierten Familien haben verschiedene Forscher eine Intelligenzabnahme postuliert. Thilo Sarrazin berechnet je Generation einen zukünftigen Verlust um einen IQ-Punkt, Richard Lynn für 50 Jahre und weltweit 1,3 Punkte, und Gerhard Meisenberg geht weltweit je Jahrzehnt von 1,3 Punkten aus.[21] Die Zahlen unterscheiden sich aufgrund unterschiedlicher Modellannahmen und Altersgruppen. Empirisch beobachtbar war im 20. Jahrhundert aber genau der *gegenteilige* Effekt, ein Anstieg der Intelligenz pro Dekade um im Schnitt drei bis fünf IQ-Punkte. Dieser Intelligenzanstieg (nach den wichtigsten Autoren auch „Flynn-Effekt" oder „Lynn-Flynn-Effekt" genannt; Lynn, 1982; Flynn, 2008) manifestierte sich stärker in dekontextualisierten Denkaufgaben, die abstrakt-logisches Schlussfolgern erfassen („flüssige Intelligenz"), und weniger in kulturnäheren Aufgaben wie Wortschatztests („kristallisierte Intelligenz").[22] Der Intelligenzzuwachs scheint sich in den letzten Jahren in den Industrieländern abgeschwächt zu haben, in Entwicklungsländern ist der Anstieg seit etwa einer Generation besonders stark.

Eine stärkere genetische Bedingtheit des Lynn-Flynn-Effekts ist wegen der Geschwindigkeit, mit der sich der Anstieg vollzogen hat, nicht wahrscheinlich. Für ihn dürfte es mehrere Ursachen geben, die simultan zusammenwirken (vgl. Rost, 2009, Kap. 8)[23]: Erhöhung der Schulbesuchsdauer und zunehmende Verbreitung vorschulischer Förderung in Kombination mit einer generellen Verbesserung der Ausbildung von Lehrern und Erzieherinnen; der Rückgang des mechanischen Auswendiglernens; die Intensivierung des Lesens und Betonung des kritisch-problemlösenden Reflektierens, insbesondere im Fach Mathematik. In Ergänzung dazu ist auch an ein verändertes Erziehungsverhalten vieler Eltern und an ihr gesteigertes Interesse an einer guten Förderung der Kinder zu denken, was insgesamt in einer verbesserten und „intellektualisierteren" Erziehung resultiert. Daneben wurden auch vielfältige andere Faktoren als mögliche Gründe thematisiert, vor allem bessere Ernährung (Vitamine, Eiweiß, sekundäre Pflanzenstoffe etc.), aber auch progressiv zunehmende Umwelt-Entwicklungsanreize (allgemeine Stimulierung im Sinne der Urbanisierung, Stress in der Kindheit, Radio, Fernsehen, Computernutzung), verlängerte Dauer der Belichtung (Kunstlicht), Luxuration durch progressive genetische Durchmischung (sog. Heterosis), Reduktion der Geburtenrate (d. h. mehr Zeit der Eltern für die Beschäftigung mit ihrem Kind) und verbesserte medizinische Versorgung usw. Auch in den sog. Entwicklungstests, also bei Säuglingen und Kleinkindern, zeigen sich analoge Leistungsanstiege (Lynn, 2009).[24] Das stützt die Hypothese, dass unter den nicht-schulbezogenen Faktoren die Ernährung eine prominente Stellung einnimmt.

Ein kurzes Fazit

Sarrazins Thesen sind, was die psychologischen Aspekte betrifft, im Großen und Ganzen mit dem Kenntnisstand der modernen psychologischen Forschung vereinbar. Hier und da ließe sich sicher eine abweichende Gewichtung vornehmen. Grobe Fehlinterpretationen haben wir aber nicht gefunden. Sarrazin macht, wie schon erwähnt, auch diverse Vorschläge zur Förderung von Kindern aus bildungsfernen Elternhäusern. Seine diesbezüglichen Anregungen sind aus Sicht der Pädagogischen Psychologie und Entwicklungspsychologie nicht unvernünftig und unterscheiden sich wenig von denen, die in der aktuellen bildungspolitischen Diskussion auch von anderen geäußert werden (z. B. mehr Krippen, mehr und bessere Kindergärten, intensivierte Sprachförderung, Ganztagsschulen). Allerdings weist das deutsche Bildungssystem im internationalen Vergleich keine extremen Defizite auf, und Ressourcen, die hier investiert werden sollen, müssten zunächst außerhalb dieses Systems erwirtschaftet werden. Auch darf man sich nicht einer Gleichheits- und Machbarkeitsillusion hingeben: Jeder ist anders, und es gibt Grenzen der Förderung. Letzten Endes muss immer die betreffende Person selbst auch wollen, selbst lernen und selbst denken. Maßnahmen müssen pädagogisch-psychologisch fundiert und zielführend, politisch sinnvoll, von wohlwollender Verantwortung getragen und ethisch legitimierbar sein. Die Frage der Gene ist hier von nachgeordneter Bedeutung, zudem eine stärkere genetische Verankerung nicht automatisch Unveränderbarkeit bedeutet.

Anmerkungen

1 Siehe: Muller, C. B., Ride, S. M., Fouke, J., Whitney, T., Denton, D. D., Cantor, N. et al. (2005). Gender differences and performance in science. *Science*, 307, 1043. Hunt, E. (2010). The rights and responsibilities implied by academic freedom. *Personality and Individual Differences, 49*, 264–271.

2 Benbow, C. P. (1988). Sex differences in mathematical reasoning ability in intellectually talented preadolescents: Their nature, effects, and possible causes. *Behavioral and Brain Sciences, 11,* 169–183.

3 Rost, D. H. (2009). Grundlagen und Methode. In D. H. Rost (Hrsg.), *Hochbegabte und hochleistende Jugendliche. Befunde aus dem Marburger Hochbegabtenprojekt* (2., ergänzte Aufl., S. 1–91). Münster: Waxmann.

4 Nyborg, H. (2003). Sex differences in g. In H. Nyborg (Hg.), *The scientific study of general intelligence: Tribute to Arthur R. Jensen* (pp. 187–222). Amsterdam: Pergamon. Deary, I. J., Thorpe, G., Wilson, V., Starr, J. M.

& Whalley, L. J. (2003). Population sex differences in IQ at age 11: The Scottish Mental Survey 1932. *Intelligence, 31*, 533–542.

5 Geiser, C., Lehmann, W. & Eid, M. (2008). A note on sex differences in mental rotation in different age groups. *Intelligence, 36*, 556–563.

6 Rindermann, H. (2008a). Wechselwirkungen zwischen Intelligenz und Gesellschaft aus Perspektive der psychometrischen Intelligenzforschung. In G. W. Oesterdiekhoff & H. Rindermann (Hrsg.), *Kultur und Kognition: Die Beiträge von Psychometrie und Piaget-Psychologie zum Verständnis kultureller Unterschiede* (S. 165–207). Münster: Lit. Rindermann, H. (2008b). Relevance of education and intelligence at the national level for the economic welfare of people. *Intelligence, 36,* 127–142. Rindermann, H. (2008c). Relevance of education and intelligence for the political development of nations: Democracy, rule of law and political liberty. *Intelligence, 36*, 306–322. Rindermann, H. (2009). Intelligenz als bürgerliches Phänomen. *Merkur*, 63 (8/723), 666–676.

7 Rindermann, H., Sailer, M. & Thompson, J. (2009). The impact of smart fractions, cognitive ability of politicians and average competence of peoples on social development. *Talent Development and Excellence, 1*, 3–25.

8 Rindermann, H. (2008). International vergleichende Schulleistungs- und Intelligenzstudien: Warum schneiden die einen gut ab, die anderen schlecht? Versuch einer Erklärung unter ausschließlicher Berücksichtigung von Bildungsmerkmalen. *Empirische Pädagogik, 22*, 17–48. Rindermann, H. & Ceci, S. J. (2009). Educational policy and country outcomes in international cognitive competence studies. *Perspectives on Psychological Science, 4*, 551–577.

9 Lubinski, D. (2009). Cognitive epidemiology: With emphasis on untangling cognitive ability and socioeconomic status. *Intelligence, 37*, 625–633. Rindermann, H. & Oesterdiekhoff, G. W. (2008). HIV, AIDS und vormodernes Denken: Die kognitiven Ursachen einer Epidemie. In G. W. Oesterdiekhoff & H. Rindermann (Hrsg.), *Kultur und Kognition: Die Beiträge von Psychometrie und Piaget. Psychologie zum Verständnis kultureller Unterschiede* (S. 133–164). Münster: Lit.

10 Jensen, A. R. (1998). *The g factor. The science of mental ability.* Westport, CT Praeger. Eysenck, H. J. (2004). *Die IQ-Bibel. Intelligenz verstehen und messen*. Stuttgart: Klett-Cotta. Rost, D. H. (2009). *Intelligenz. Fakten und Mythen*. Weinheim: Beltz PVU.

11 Plomin, R., DeFries, J. C., McClearn, G. E. & McGuffin, P. (2008). *Behavioral genetics*. New York, NY: Worth.

12 Rindermann, H. (im Druck). Intelligenzwachstum in Kindheit und Jugend. *Psychologie in Erziehung und Unterricht*. Ceci, S. J. (1991). How much does schooling influence general intelligence and its cognitive components? A reassessment of the evidence. *Developmental Psychology, 27*, 703–722.

13 Merz, F., Remer, H. & Ehlers, T. (1985). Der Einfluß des Schulbesuchs auf Intelligenzleistungen im Grundschulalter. *Zeitschrift für Entwicklungspsychologie und Pädagogische Psychologie, 17*, 223–241.

14 Ceci, S. J. (1991). How much does schooling influence general intelligence and its cognitive compounts? A reasonment of the edvidence. Development Psychology, *27*, 703-722.

15 Gottfredson, L. S. (2002). Where and why g matters: Not a mystery. *Human Performance, 15*, 25–46.

16 Herrnstein, R. J. & Murray, C. (1994). *The bell curve. Intelligence and class structure in American life*. New York, NY: Free Press. Ferguson, D. M., Horwood, L. J. & Ridder, E. M. (2005). Show me the child at seven II: Childhood intelligence and later outcomes in adolescence and young adulthood. *Journal of Child Psychology and Psychiatry, 46,* 850–858.

17 Hart, B. & Risley, T. R. (1995). *Meaningful differences in the everyday experience of young American children.* Baltimore: Paul Brookes.

18 Woodley, M. A. (2009). Inbreeding depression and IQ in a study of 72 countries. *Intelligence, 37*, 268–276.

19 Bittles, A. H. (2001). *A background summary of consanguineous marriage.* Perth: Centre for Human Genetics, Edith Cowan University (www.consang.net/images/d/dd/01AHBWeb3.pdf).

20 Nisbett, R. E. (2009). *Intelligence and how to get it. Why schools and cultures count*. New York, NY: Norton.

21 Lynn, R. & Harvey, J. (2008). The decline of the world's IQ. *Intelligence, 36*, 112–120. Meisenberg, G. (2009). Wealth, intelligence, politics and global fertility differentials. *Journal of Biosocial Science, 41,* 519–535.

22 Lynn, R. (1982). IQ in Japan and the United States shows a growing disparity. *Nature*, 297, 222–223. Flynn, J. R. (2008). Lurija und das Paradox massiver IQ-Gewinne längs der Zeit. In G. W. Oesterdiekhoff & H. Rindermann (Hrsg.), *Kultur und Kognition: Die Beiträge von Psychometrie*

und Piaget-Psychologie zum Verständnis kultureller Unterschiede (S. 111–132). Münster: Lit.

23 Rost, D. H. (2009). *Intelligenz. Fakten und Mythen.* Weinheim: Beltz PVU.

24 Lynn, R. (2009). What has caused the Flynn effect? Secular increases in the development quotient of infants. *Intelligence, 37*, 16–29.

8. Abrahams Kinder*

Hartmut WEWETZER

Ein Stamm, mehrere Hauptäste und reichlich Zweige. Das ist das Bild, das zwei Studien von der genetischen Abstammung und Entwicklung der heute lebenden Juden entwerfen. Wie die Wissenschaftler herausfanden, haben heutige Juden viele Gene von einer ursprünglichen jüdischen Bevölkerungsgruppe geerbt, die vor rund 3000 Jahren im Mittleren Osten lebte, in dem als Levante bezeichneten östlichen Mittelmeerraum. Damit sind die heute lebenden 13 Millionen Juden nicht nur durch Kultur und Religion, sondern auch durch ein gemeinsames biologisches Erbe miteinander verbunden.

Dieser gemeinsame Ursprung war immer wieder bezweifelt worden, zuletzt von dem israelischen Historiker Shlomo Sand in seinem Buch „Die Erfindung des jüdischen Volkes". Zugleich finden sich bei den heute lebenden Juden auch starke genetische Verbindungen zu nichtjüdischen Gruppen, in Europa vor allem zu Italienern und im Mittleren Osten zu Drusen, Beduinen und Palästinensern.

Die Forscher benutzten die DNS-Chip- oder „Microarray"-Technik. Mit diesem Verfahren ist es möglich, das Erbgut unterschiedlicher Personen sehr detailliert zu vergleichen, angefangen von einzelnen „Buchstaben" der Erbinformation DNS bis hin zu längeren Abschnitten. Auf DNS-Chips basierende Studien ermöglichen damit weitergehende Aussagen als bisherige Untersu-

* Anmerkung des Herausgebers: Auf diesen Artikel stützte sich Sarrazin bei seiner Bemerkung vom „Juden Gen".

chungen. Zuvor war das männliche Y-Chromosom und das Erbgut der nur von den Müttern weitergegebenen Mitochondrien benutzt worden, um die Genealogie der Juden zurückzuverfolgen.

Harry Ostrer von der New York Universität untersuchte die DNS von 237 Menschen, deren Familien seit Generationen jüdisch sind und die die großen Gruppen der Diaspora repräsentieren: die Aschkenasen, die vor Krieg und Holocaust in Nord- und Osteuropa heimisch waren und die heute überwiegend in den USA und Israel leben; die Sepharden, die in Spanien (bis 1492) und Portugal (bis 1497) ihre Heimat hatten und später ins osmanische Reich, nach Nordafrika und die Niederlande gelangten; und schließlich die orientalischen Juden.

Ostrer verglich ihre Erbinformation mit der von 2800 Nichtjuden, wie er im „American Journal of Human Genetics" berichtet. An der im Fachblatt „Nature" veröffentlichten Studie von Doron Behar vom Rambam Medical Center in Haifa nahmen weniger Personen teil, aber dafür wurden mehr Bevölkerungsgruppen berücksichtigt.

In beiden Untersuchungen stellte sich heraus, dass die Juden der drei Diaspora-Gruppen sich genetisch näher sind als Nichtjuden der jeweils gleichen Region. Innerhalb jeder Gruppe waren die Personen so verwandt wie Cousins zweiten bis fünften Grades.

Überraschend für die Wissenschaftler war die Nähe zwischen heutigen Aschkenasen und Sepharden – unerwartet, weil beide Zweige sich vor langer Zeit trennten. Beide Gruppen haben zwischen 30 und 60 Prozent ihres Genoms von Europäern geerbt. Sie könnten von Juden abstammen, die vor 800 n. Chr. in Norditalien heimisch waren und sich hier mit Italienern vermischten. Dafür spricht, dass das Genom von Sepharden und Aschkenasen deutlich mit dem italienischer Juden übereinstimmt.

Relativ isoliert sind die orientalischen Juden. Ihr Ursprung liegt vermutlich in Persien und Babylon vor etwa 2500 Jahren. Sie haben sich vor 100 bis 150 Generationen von den Vorfahren der beiden anderen Diaspora-Gruppen abgetrennt, kalkulieren die Forscher, irgendwann im letzten vorchristlichen Jahrtausend.

Für den starken Anteil der nichtjüdischen Europäer insbesondere am Genom heutiger Aschkenasen gibt es vermutlich mehrere Gründe. Zum einen missionierten Juden in der Antike, insbesondere im Römischen Reich breitete sich das Judentum daraufhin stark aus. Massenübertritte führten dazu, dass bis zu zehn Prozent der römischen Bevölkerung die jüdische Religion praktizierten.

So ist es nicht verwunderlich, dass Südeuropäer Aschkenasen und Sepharden genetisch am nächsten stehen. Zudem kam es in Europa vom 15. bis 19. Jahrhundert zu einer starken Annäherung zwischen jüdischer und nichtjüdischer Bevölkerung. In dieser Zeit stieg die Zahl der Juden in Europa von etwa 50 000 auf fünf Millionen. Der ursprünglich „jüdische" Anteil im Genom schrumpfte.

„Unsere Untersuchung stützt die Idee eines jüdischen Volkes, das durch eine gemeinsame genetische Geschichte verbunden ist", sagte der Studienleiter Harry Ostrer. „Aber die Vermischung mit Menschen europäischen Ursprungs erklärt, warum so viele europäische und syrische Juden blaue Augen und blondes Haar haben." Die Studie zeige, wie Genetik Geschichte reflektiere. „Wir sehen tatsächlich die Ereignisse der jüdischen Diaspora im Genom jüdischer Menschen."

Wie weit sich historische Ereignisse anhand von Erbgutanalysen rekonstruieren lassen, daran bestehen jedoch Zweifel. „Man muss zu viele Mutmaßungen anstellen", sagte der Genetiker David Goldstein von der Duke-Universität in Durham dem Fachblatt „Nature". „Wir haben in der Genetik noch nicht die Genauigkeit, um den Zeitpunkt von Ereignissen präzise zu bestimmen."

Zwar vermögen die Studien nicht exakt zu sagen, wie es war – aber dafür ermöglichen sie ziemlich zuverlässige Aussagen darüber, wie es nicht war. So nimmt der Historiker Sand an, dass nicht etwa Menschen aus der Levante, sondern konvertierte Chasaren vom Schwarzen Meer die Urahnen der Aschkenasen waren – einer seiner Belege dafür, dass ein genuin „jüdisches Volk" eine Erfindung ist.

Aber mit diesem Argument Sands können die Genetiker aufräumen. Zwar gebe es Hinweise auf eine genetische Vermischung mit den Chasaren im letzten Jahrtausend, doch sei dieser Einfluss sehr begrenzt. Das stärkt Sands Kritiker. „Diese Ergebnisse bestätigen, was die jüdische Volksweisheit immer wusste", sagte die Historikerin Anita Shapira von der Tel-Aviv-Universität dem Fachblatt „Science": dass die Juden einen gemeinsamen Ursprung im Mittleren Osten hätten. „Es ist schön, von der modernen Genetik unterstützt zu werden."

Shlomo Sand dagegen hält die Idee einer „genetischen Identität" der Juden für abwegig. „Keine Studie hat je eine genetische Markierung gefunden, die typisch nur für Juden ist", zitiert „Science" den Historiker. „Es ist eine bittere Ironie, dass ausgerechnet die Nachkommen von Holocaust-Überlebenden eine biologisch begründete jüdische Identität finden wollen. Hitler wäre sicher sehr erfreut."

Mit dieser Fundamentalkritik dürfte der in die Enge getriebene Sand über das Ziel hinausschießen. Genetische Befunde sind nicht einfach zu ignorieren. Doch ausgerechnet Doron Behar, Leiter der „Nature"-Studie, schlägt ein wenig in Sands Kerbe. Es seien nicht notwendigerweise die Gene, die einen Juden ausmachten, argumentiert er. Es gebe keinen „metaphysischen" Unterschied zwischen jemandem, der jüdisch geboren sei und jemanden, der zum Judentum konvertiert sei. Gene haben ihre Grenzen.

9. Das Juden-Gen?

Chaim NOLL

Unter den zahlreichen Bannsprüchen, die binnen weniger Tage über Thilo Sarrazin und sein Buch „Deutschland schafft sich ab" hereinbrachen, war die Verurteilung durch den Zentralrat der Juden eine der aggressivsten. Generalsekretär Kramer war unter den Ersten, die Sarrazin anlässlich seines Buches verurteilten. Er befand sich in prominenter Gesellschaft: Bundeskanzlerin, Parteivorsitzende und Minister beteiligten sich an der Vorverurteilung eines Buches, noch bevor es überhaupt erschienen war. Sie schufen damit einen beängstigenden Präzedenzfall für die versuchte Einschüchterung eines Buchautors durch politische Macht- und Verantwortungsträger.

Nachdem Kramer den Sozialdemokraten Sarrazin in die Nähe der NPD gerückt hatte, sekundierte ihm einige Tage später Dieter Graumann, Vizepräsident des Zentralrats der Juden in Deutschland. Er erklärte, dass Sarrazin, der von einem gemeinsamen Gen der Juden gesprochen hatte, „auf Elemente der Rassehygiene der Nazi-Zeit" zurückgreife. Kurz darauf folgte das Verdikt des Zentralrats der Muslime, Sarrazin sei ein „Nazi in Nadelstreifen".

Graumanns und Kramers Äußerungen zum Fall Sarrazin sind aus Sicht des verbindlichen jüdischen Religionsgesetzes, der Halacha, unhaltbar. Nach der Halacha ist Judesein zum Teil genetisch definiert, indem nämlich jedes Kind einer jüdischen Mutter – im Judentum zählt traditionell die mütterliche Linie – als jüdisch gilt. Daneben gibt es eine zweite Definition des Judeseins, über

Konversion oder Annahme der jüdischen Religion. Die genetische und die konfessionelle Definition bestehen seit Jahrhunderten nebeneinander. Graumanns und Kramers Äußerungen werfen ein ernüchterndes Licht auf die Unbildung deutsch-jüdischer Funktionäre, denen offenbar das elementare Grundwissen über das Judentum abhandengekommen ist. Jeder Jeschiwa-Schüler hätte ihnen den Sachverhalt – der in Israel der staatlichen Gesetzgebung zugrunde liegt – erklären können.

Die verschreckte Reaktion der deutschen Zentralrats-Funktionäre auf das Wort „Gen" findet in Israel wenig Verständnis. Ein Tabu, jüdische Identität mit Genetik in Zusammenhang zu bringen, besteht hierzulande nicht. An den israelischen Universitäten wird auf diesem Gebiet intensive fachwissenschaftliche Forschung betrieben, in zunehmendem Ausmaß. Es ist ein Thema, das viele jüdische Wissenschaftler und Laien interessiert und ausführlich in den Medien reflektiert wird. Erst kürzlich veröffentlichte die israelische Zeitung „Makor Rishon" einen mehrseitigen Artikel unter dem Titel „Der Familien-Nukleus", der sich auf eine in der amerikanischen Fachzeitschrift „Nature" veröffentlichte wissenschaftliche Untersuchung über Zusammenhänge zwischen jüdischer Identität und Gen-Konstellationen berief. Dieser Aufsatz („The genome-wide structure of the Jewish people"), verfasst von dem in Haifa forschenden Doron M. Behar und anderen Wissenschaftlern, erregte ähnliche Aufmerksamkeit wie eine im „American Journal of Human Genetics" veröffentlichte Studie von Harry Ostrer, Genetiker an der New York University Medical School, der Methoden gefunden haben will, die jüdische Abstammung eines Menschen mit Hilfe von DNA-Proben nachzuweisen.

Diese Thesen sind auch in Israel umstritten. Aber die Debatte wird offen geführt und, anders als in Deutschland, ohne Hysterie. Man ist zu sehr an neuen wissenschaftlichen Erkenntnissen interessiert, um sich derlei Untersuchungen von vornherein aus Angst vor Rassismusvorwürfen zu verbieten. Doch selbst wenn man die naturwissenschaftlichen Untersuchungen zum Thema beiseite lässt, bleibt es für Juden bei der klaren, seit Jahrhunderten bestehenden Regelung der Halacha, dass sich jüdische Identität – neben dem religiösen Bekenntnis – auf Abstammung gründet.

10. Die Schrumpfvergreisung der Deutschen

Deutschland verschläft den Kampf um Talente

Gunnar HEINSOHN

Die Tüchtigen Deutschlands, die viele Millionen Bildungsferne und ihren stetig zunehmenden Nachwuchs versorgen, dürfen Stolz empfinden. Denn dieses Land hat nur selten Fremde beschützt oder gar befreit. Eine Billion Euro Sonderschulden aber hatte Deutschland bereits 2007 für Migranten, die mehr aus den Hilfesystemen entnehmen, als sie aufgrund schlechter Schulleistungen und anderer Handicaps in sie einzahlen können. Auf jeden der 25 Millionen vollerwerbstätigen Nettosteuerzahler fallen allein für diese historisch einmalige Aufgabe 40 000 Euro Schulden.

Gleichwohl leben die Versorger in einer Nation, die seit bald vierzig Jahren bei den Geburten rund ein Drittel unter der Bestandserhaltung liegt (1,4 statt 2,1 Kinder pro Frau) und deshalb mit einem Durchschnittsalter von 44 Jahren nur noch von Monaco und Japan übertroffen wird. Das stellt die jungen Menschen mit Ausbildungsreife vor gewaltige Aufgaben. Sie müssen nicht nur die Alten und Minderjährigen versorgen, sondern jeweils zu dritt auch noch für einen Gleichaltrigen ohne Ausbildungsreife nebst Nachwuchs bezahlen. Denn nach Messungen der Bundesregierung war schon 2009 ein Viertel der Fünfzehnjährigen nicht ausbildungsreif.

Die Sozialpolitik in Deutschland: ein Fall für sich

Womöglich auch deshalb äußerten 2007 rund 87 Prozent der hiesigen Hochschulabsolventen den Wunsch, in anderen Ländern Karriere zu machen. Von hundert Nachwuchskräften, die das Land benötigt, werden fünfunddreißig nie geboren, wandern zehn aus und schaffen fünfzehn keine Berufsausbildung. Da können die Emigrationsphantasien der verbleibenden vierzig nicht überraschen.

Die Welt kennt fünf Ränge der Sozialpolitik. Unten stehen rund 160 Nationen ohne Hilfe für soziale Notlagen. Konkurrenten wie China und Indien gehören dazu. Darüber rangieren die Vereinigten Staaten. Sie geben ihren Bürgern ein Fünfjahreskonto, mit dem diese sparsam umgehen, um bei Notlagen Halt zu finden. Vorher weichen sie auf Ersparnisse, Verwandte oder schlecht bezahlte Arbeit aus. Auf dem dritten Platz liegt ein rundes Dutzend Nationen, in denen zwar lebenslänglich Sozialhilfe gewährt wird, diese aber knapp ausfällt wie in Italien und England. Auf dem zweithöchsten Rang findet sich ein weiteres Dutzend Nationen. Auch sie zahlen lebenslänglich und dazu relativ großzügig aus, wobei Norwegen, Finnland und die Schweiz an der Spitze liegen. Den ersten Rang belegt Deutschland allein.

Es zahlt ebenfalls lebenslänglich und liegt in der Höhe nur knapp hinter der Schweiz. Überdies aber gibt es den Frauen auf Sozialhilfe in Form von Elterngeld Sonderprämien, wenn sie ihre risikoreiche und pädagogisch ungünstige Existenz auf weitere Neugeborene ausdehnen. Aus diesem Grund haben Frauen in

Deutschland eine viermal höhere Wahrscheinlichkeit für prekäre Mutterschaften als in den übrigen hochentwickelten Nationen.

Sie kostet die Steuern von zwei Vollerwerbstätigen

Doch selbst wenn man sich für den Weg Amerikas entschiede, das bis 1996 den jetzt von Deutschland gehaltenen globalen Spitzenplatz bei Sozialhilfemüttern innehatte, kann auf schnelle Entlastung nicht gerechnet werden. Amerika diskutierte bis zum Handeln volle zwanzig Jahre. Wenn hier ebenso viel Zeit benötigt wird, ist das Land aus der Gruppe der Spitzennationen längst ausgeschieden. Schon 2010 wird nur noch der 23. Platz verteidigt – nach der Nummer drei im Jahre 1980. Dafür stieg die Zahl der Kinder unter 15 Jahren, die Sozialhilfe beziehen, von 130 000 im Jahre 1965 auf zwei Millionen im Mai 2010.

Erst wenn das Niveau von 1965 wieder in Blickweite ist, kann eine gezielte Einwanderungspolitik beginnen und die Abwanderung verlangsamt werden. Die 160 000 Auswanderer, die Deutschland jährlich verlassen, nehmen 80 000 Hartz-IV-Müttern mit jeweils zwei Kindern den Versorger. Denn eine solche Mutter kostet bis zum fünfzigsten Lebensjahr 415 000 Euro, also die Steuern von zwei Vollerwerbstätigen. Zusätzlich hinterlassen diese 160 000 Nettosteuerzahler etwa 40 Milliarden Euro offizielle Staatsschulden. Nur private Schulden emigrieren mit, während die Verpflichtungen als Passinhaber an die Zurückbleibenden sowie an Einwanderer übergehen.

Gunnar HEINSOHN

In Melbourne, Seattle oder Toronto haben sie es besser

Wer jährlich 160 000 qualifizierte Einwanderer gewinnen will, darf sie nicht mit 80 000 Hartz-IV-Familien und 40 Milliarden Euro Schulden verschrecken. Jede andere hochentwickelte Nation ohne solche Lasten wird sonst vorgezogen. Solange also potentielle Einwanderungstalente sehen, dass mehr als die Hälfte ihres Einkommens weggesteuert und -sozialversichert wird, werden sie nicht in Dortmund siedeln, sondern nach Melbourne, Seattle oder Toronto streben, wo man sie ebenfalls dringend benötigt, ihnen aber nur 20 bis 25 Prozent abnimmt. Von den 100 bis 150 Milliarden Euro, die Deutschland heute für den gesamten Bereich der Vermehrungsförderung und Früherziehung ausgibt, muss für das Erreichen der Konkurrenzfähigkeit beim Anwerben ein großer Anteil als Steuerermäßigung an die aktive Generation zurückgeleitet werden. Sie gewinnt dann finanziellen Spielraum und kann selbst entscheiden, wie sie ihn auch für eigenen Nachwuchs und seine Erziehung einsetzt. Die anglo-amerikanischen Länder machen es so.

Die Politik aller OECD-Staaten ist auf absehbare Zeit geprägt durch das Abwerben von Talenten aus Nationen, die ebenfalls zu wenige davon haben. Erfolgreiche Einwanderungspolitik bedeutet mithin die aktive Gestaltung dieser Konkurrenz. Sie ist scharf antirassistisch, achtet aber streng auf Qualifikationen. Alle Hautfarben, alle Religionen und Sprachen sind willkommen. Schlechte Schulnoten hingegen werden nicht belohnt oder nur bei politischem Asyl geduldet. Zuwanderer werden also nicht anders gesehen als der eigene Nachwuchs. Nur solche Einwanderer sind eine Hilfe, deren Leistungsprofil über dem aktuellen Durchschnitt der aufnehmenden Nation liegt. Die aufnehmenden Länder wissen längst, dass solche Neuankömmlinge sich zu helfen wissen und ihren neuen Mitbürgern nicht auf der Tasche liegen oder von hochbezahlten Integrationsarbeitern begleitet werden müssen.

Schon die Eltern unserer Einwanderungskinder waren schlecht in der Schule

Australien verlangt, dass „Einwanderer bestens ausgebildet sind" und „sehr schnell einen Beitrag zur australischen Wirtschaft leisten können". Kanada setzt diese Forderung am strengsten um und hat deshalb bei den Kindern seiner Zuwanderer einen höheren IQ als beim einheimischen Nachwuchs. Nirgendwo hingegen liegen Migrantenkinder tiefer unter dem einheimischen Leistungsniveau als in Deutschland. Das liegt nicht an ihrer Fremdheit und Anderssprachigkeit, sondern an den schlechten Noten ihrer Eltern bereits in der Heimat. Es geht also gar nicht um „Ausländerprobleme". Die wirklichen Probleme sind selbst mit Integrationsmilliarden nicht schnell heilbar. Exzellenzstudenten leben nun einmal nicht mit Schulabbrechern gleicher Sprache, Religion und Hautfarbe zusammen. Das unterbleibt in Istanbul genauso wie in Berlin.

Da Amerika unter seinen Einwanderern nur 55 Prozent Hochqualifizierte zählt – gegenüber 85 Prozent in Australien und 99 Prozent in Kanada (fünf bis zehn Prozent in Deutschland) –, zeigt es sich bei den Abwerbungsideen besonders einfallsreich. Jeder Ausländer, der ein Studium abschließt, soll automatisch eine Green Card erhalten. Radikalere Denker erwägen sogar, jedem Ausländer, der an amerikanischen Universitäten eine Aufnahmeprüfung für Natur- und Ingenieurwissenschaften übersteht, gleich einen amerikanischen Pass zu überreichen.

China mit fast 550 000 Auswanderern jährlich dient als Rekrutierungsquelle für vergreisende Nationen wie Taiwan, Hongkong, Singapur und Kanada, die mit 1,1 bis 1,6 Kindern pro Frau demographisch teilweise noch schlechter dastehen als die Bundesrepublik. Mit ihrer globalen Spitzenstellung etwa bei Mathematiknoten begreifen die jungen Chinesen das demographische Fiasko ihrer Heimat sehr schnell und suchen deshalb immer dringlicher nach einer neuen. Wer sie dauerhaft anwirbt, gewinnt ein paar Jahrzehnte bei der Rekrutierung qualifizierten Personals. In den Vereinigten Staaten stellen Ostasiaten bei fünf Prozent Bevölkerungsanteil rund dreißig Prozent der Computerspezialisten, während sie so gut wie nie Sozialhilfe beantragen. Deutschland ist da weit im Hintertreffen. Immerhin aber stellen rund 20 000 Chinesen das größte Kontingent unter seinen ausländischen Studenten. Man wird sie aber nur dann zum Hierbleiben verführen, wenn sie nicht für die Finanzierung des Sozialstaats in Haftung genommen werden.

Passabel in Mathematik schneiden schließlich auch Inder ab. Sie haben 2010 immerhin noch 2,7 Kinder pro Frau – gegenüber nur 1,6 in China. Indien muss Talente abgeben, weil daheim nicht alle unterkommen. Doch als englisch Erzogene sind für sie andere Länder erste Wahl. Dafür ist hierzulande mittlerweile verstanden worden, dass die alte nordrheinwestfälische CDU-Parole „Kinder statt Inder“ Asiaten zwar verängstigt, aber mehr Nachwuchs bei hiesigen Karrierefrauen auch nicht bringt. Jetzt muss das Angebot erhöht werden. Unterhalb eines Studienplatzes und eines deutschen Passes spätestens zum natur- oder ingenieurwissenschaftlichen Examen braucht man gar nicht anzutreten.

11. Demographisches Problem und Migrationsdruck

Wolfgang ZAUNBAUER

Einleitende Bemerkungen

Die Kenntnis der möglichen zukünftigen Bevölkerungsentwicklung eines Staates oder einer Staatengemeinschaft wie der EU ist unabdingbar für die Planung der Zukunft. Erst wenn man weiß, wie sich die Bevölkerung bezüglich Struktur und Zahl entwickelt, kann langfristige Politik betrieben werden. Daher kommt der Demographie eine entscheidende Bedeutung zu.

Die demographische Entwicklung eines Landes hängt von mehreren Faktoren ab. In erster Linie ergibt sich das positive oder auch negative Wachstum einer Bevölkerung aus dem Verhältnis zwischen Geburten- und Sterblichkeitsrate. Solange die Geburtenrate höher liegt als die Sterblichkeitsrate, wächst die Bevölkerung. Sinkt die Sterblichkeitsrate, steigt die Lebenserwartung, was wiederum Folgen für die Alterstruktur der Bevölkerung hat. Neben Geburten- und Sterblichkeitsrate gibt es noch weitere Faktoren, die für die demographische Entwicklung der Bevölkerung verantwortlich sind. Hier ist es vor allem die Migration, die den entscheidendsten Einfluss besitzt. Migration und Geburtenrate sind wohl auch die einzigen Faktoren, auf die der Gesetzgeber einen gewissen Einfluss nehmen kann.

Allerdings gibt es immer auch Faktoren, die von der Demographie nicht berücksichtigt werden können, da sie ganz einfach nicht voraussehbar sind. Dazu gehören Naturkatastrophen und Kriege, aber auch Entwicklungen im Bereich der Medizin. So war vor fünfzig Jahren die Auswirkung der Anti-Baby-Pille auf die Entwicklung der Bevölkerung („Pillenknick“) nicht absehbar. Dennoch kann die Demographie Tendenzen der Bevölkerungsentwicklung verdeutlichen, anhand derer man die künftige Politik orientieren muss.

Neben der „natürlichen“ Entwicklung einer Bevölkerung, die sich aus dem Verhältnis von Geburten- und Sterberate ergibt, spielt die Migration eine wesentliche Rolle für das Wachstum einer Bevölkerung. Dies ist umso wichtiger, da die Migration türkischer Staatsbürger nach Europa ein wesentliches Element der türkisch-europäischen Beziehungen darstellt.

Demographische Trends in der Türkei und der EU

Im Folgenden werden die Bevölkerungsentwicklungen der Türkei und der EU einer genaueren Betrachtung unterzogen. Dabei wird deutlich, dass die demographischen Berechnungen dahin gehen, dass die Bevölkerung der Türkei noch jahrzehntelang wachsen wird, während die Zahl der EU-Bürger tendenziell zurückgeht.

Die demographische Entwicklung

Das Bevölkerungswachstum der Türkei in den letzten fünfzig Jahren ist bemerkenswert. Betrug die Bevölkerungszahl 1950 noch 21 484 000[1], so stieg sie bis 1997 auf 62.8 Millionen, bis 2000 auf 67 844 000[2] und bis zum Jahr 2003 auf 71 325 000 Personen.[3] Die UNO rechnet mit einem weiteren Anstieg auf über 82 Millionen bis 2015, auf knapp 89 Millionen bis 2025 und auf über 97

Millionen bis 2050.[4] Das US-Zensusbüro prognostiziert gar einen Anstieg auf 103,6 Millionen Menschen.[5]

Diesem enormen Wachstum der Bevölkerung der Türkei stehen stagnierende bis rückläufige Bevölkerungszahlen in Europa gegenüber. 2003 betrug die Gesamtbevölkerungszahl der heutigen Mitgliedsländer der EU 454 Millionen und bis 2015 rechnet die UNO mit einem Anstieg auf knapp 457 Millionen. Danach allerdings zeichnet sich einen erneutes Absinken auf 454 Millionen bis zum Jahr 2025 und auf 431 Millionen bis 2050 ab.[6] Andere Prognosen gehen davon aus, dass sich die Bevölkerung der EU bis 2025 auf 470,1 Millionen erhöhen wird, dann aber bis 2050 auf 449.8 Millionen sinken wird.[7] Bereits 2003 waren die Bevölkerungszahlen von fünf Mitgliedsländern rückläufig, nämlich von Lettland (-0,53 %), Litauen (-0,48 %), Estland (-0,4 %), Ungarn (-0,25 %) und Polen (-0,07 %). Diese Rückgänge wurden jedoch durch relativ hohe Zuwächse in Zypern (+2,15 %), Spanien (+1,55 %) und Irland (+1,53 %) wettgemacht. Insgesamt stieg die Bevölkerungszahl der heutigen EU-25 2003 um 1,9 Millionen oder 0,4 %.[8]

Die Zahlen verdeutlichen, dass in der EU-25 noch bis mindestens 2015 mit einem Ansteigen der Bevölkerungszahlen zu rechnen ist, diese dann allerdings im Abnehmen begriffen sind. Allerdings unterscheiden sich die Prognosen von UNO und EU-Kommission (Eurostat) sowohl bezüglich des Spitzenwerts als auch bezüglich des Zeitpunktes, an dem dieser erreicht wird. Dennoch scheint sich ein gewisser Trend in Richtung Bevölkerungsrückgang in der EU abzuzeichnen.

Dem gegenüber steht eine prognostizierte dauerhafte Bevölkerungszunahme in der Türkei. Zwar hat die Geburtenrate in der Türkei einen Rückgang von 2,7 Kinder pro Frau in der Zeit von 1995 bis 2000 auf 2,43 (2000–2005) erfahren und man rechnet mit einem Rückgang auf 1,85 bis 2025[9], sie liegt aber dennoch deutlich über dem derzeitigen europäischen Schnitt von rund 1,42 Kindern pro Frau.[10] Berücksichtigt man allerdings den „Tempoeffekt" – durch das steigende Durchschnittsalter bei der Erstgeburt sinkt zwar die Zahl der Geburten für einen Zeitraum, nicht jedoch die Zahl der Kinder, die ein Jahrgang zur Welt bringt –, steigt die Fruchtbarkeitsrate in der EU auf 1,71. Die niedrigen Geburtenzahlen bedeuten also nicht ein Ausbleiben, sondern lediglich eine Verzögerung.[11]

Doch auch innerhalb der Türkei gibt es regional große Unterschiede bezüglich der Geburtenraten, die in Ostanatolien wesentlich höher liegen als im Westen des Landes.[12]

Sollte die Türkei 2015 der EU beitreten, wäre sie hinter Deutschland zunächst das Land mit der zweitgrößten Bevölkerung und hätte bereits 2025 Deutschland als bevölkerungsreichstes Land der Union überholt.[13]

Die Probleme der türkischen Bevölkerungsstruktur

Das Durchschnittsalter der türkischen Bevölkerung liegt im Jahre 2005 bei 27,7 Jahren. Der Anteil der 15- bis 64-Jährigen, also der Bevölkerung im arbeitsfähigen Alter, liegt bei 67,3 Prozent[14], was in etwa dem EU-Durchschnitt entspricht. Der Anteil der 0- bis 14-Jährigen an der Bevölkerung liegt bei 26 Prozent, was jedoch deutlich über den 16,03 % der EU liegt.[15]

UNO-Prognosen gehen davon aus, dass sich die Bevölkerungsstruktur der Türkei bis 2050 derjenigen der europäischen Staaten annähert. In Zahlen bedeutet das einen Anteil der unter 15-Jährigen von rund 15 Prozent, der 15- bis 59-Jährigen von 50–60 Prozent und der über 60-Jährigen von über 25 Prozent.[16]

Zwar steigt die Lebenserwartung der türkischen Bevölkerung stetig, sie liegt mit derzeit rund 72,36 Jahren aber deutlich hinter der EU mit 78,3 Jahren zurück.[17]

„Die Türkei besitzt eine junge und dynamische Bevölkerungsstruktur. Die Zahl der unter 25jährigen liegt bei über 33 Millionen. Nach den Zahlen der OECD bildeten die fünf-bis 29jährigen 1995 etwa 50,6 Prozent der türkischen Gesamtbevölkerung. In Europa besitzt die Türkei die jüngste Bevölkerung aller Staaten.“[18]

Das niedrige Durchschnittsalter der türkischen Bevölkerung birgt enorme Probleme. Dieser von Öymen als positiv und wünschenswert bezeichneten Entwicklung entgegnet Raddatz folgendes:

„Schon ab den 90er Jahren war fast die Hälfte der Türken unter 25 Jahre alt, und mindestens ein Drittel von ihnen hatte lebenslang keine Aussicht auf Arbeit, solange sie in der Türkei blieben. Um die Mitte des ersten Jahrzehnts im 21. Jahrhundert wird ein Anteil zwischen 6 und 9 Millionen von etwa 72 Millionen Türken keine Zukunft im eigenen Lande haben. 20 Jahre später werden dann von ca. 100 Millionen – gleiche Bedingungen vorausgesetzt – vorsichtig geschätzte 15 bis 20 Millionen ausbildungs- und perspektivlos sein und [. . .] auf mehr oder minder gepackten Koffern sitzen.“[19]

Zusammenfassung

Bezüglich Demographie und Bevölkerungsentwicklung der Türkei lassen sich sechs wesentlich Punkte festhalten[20]:

- hohes jährliches Bevölkerungswachstum,
- hohe Geburtenraten mit einem starken Ost-West-Gefälle,
- ständig sinkende Sterbe- und Kindersterblichkeitsrate[21],
- steigende Lebenserwartung,

- hoher und wachsender Anteil der 15- bis 64-jährigen Bevölkerung,
- vergleichsweise hoher Anteil der unter 15-Jährigen.

Während das Bevölkerungswachstum auf die hohe Geburtenrate, die steigende Lebenserwartung und die sinkende Sterblichkeitsrate zurückzuführen ist, wirken sich der hohe Bevölkerungsanteil der Personen im arbeitsfähigen Alter sowie der hohe Anteil der jungen Bevölkerung vor allem auf den Arbeitsmarkt und in weiterer Folge auf die Migration aus.

Migration

Während des gesamten 20. Jahrhunderts kam es im regionalen Umfeld der Türkei immer wieder zu groß angelegten Bevölkerungsverschiebungen. Auf diesem Weg kamen rund 2 Millionen türkischstämmige Moslems vor allem aus den Balkanländern und Griechenland in die Türkei. Diesen Einwanderungsbewegungen, die zu einem Großteil eine Art Repatriierung türkischer und türkischstämmiger Personen ausmachen, stehen über 3,4 Millionen im Ausland ansässige Türken gegenüber.[22] Alleine in Westeuropa leben über 2,5 Millionen seit den 60er Jahren ausgewanderte Türken.[23]

Migrationskonzentration und ihre Ursachen

Im Bereich der türkischen Migration nach Westeuropa ist eine starke Konzentration auf ein paar wenige Länder feststellbar. So lebten Mitte der 90er Jahre rund 73 Prozent der türkischen Emigranten Westeuropas in Deutschland und je rund 8 % in Frankreich und den Niederlanden.[24]

„Diese Konzentration auf nur drei Zielländer hat zwei Ursachen: die ‚Initialzündung' der Gastarbeiterrekrutierung und die anschließende Bildung ethnischer Netzwerke, die die Wanderung strukturierten.

Vorhandene türkische und kurdische ‚Gemeinden' stellen seit dem Anwerbestopp Kristallisationskerne weiterer Zuwanderung auf Basis von Familiennachzug, Einheirat und Neugründung von Familien sowie Flucht und Asyl dar."[25]

Gemäß einer gemeinsamen Studie von UNO und EU verteilten sich die Motive der rund 5 100 türkischen Immigranten, die 1998 in die Niederlanden kamen, folgendermaßen: 31 % wanderten zwecks Familienzusammenführung ein, 54 % zwecks Einheirat oder Neugründung einer Familie, wobei es sich bei dieser Gruppe vor allem um junge Frauen handelt, 6 % um zu arbeiten und 2 % um zu studieren. Der Anteil der asylsuchenden türkischen Immigranten lag immerhin bei 6 %.[26]

Es lässt sich also zusammenfassend feststellen, dass auch in der EU-25 die bevorzugten Ziele der Migration diejenigen Länder sind, in denen es bereits eine relativ große Zahl türkischer Immigranten gibt, also vor allem Deutschland, Frankreich, die Niederlande, aber auch Österreich. Für das Jahr 2002 kann von folgenden Zahlen ausgegangen werden[27]: In Deutschland lebten rund 1,95 Millionen türkische Staatsbürger, in Frankreich 173 000, in den Niederlanden 100 300 und in Österreich 98 800[28]. Weitere größere Gemeinden gibt es außerdem in Belgien (45 800), in Dänemark (35 200) sowie in Schweden (14 000).

Arbeitsmigration und Familienzusammenführung

Die türkische Migration nach Westeuropa begann mit der „Vereinbarung über die Anwerbung türkischer Arbeitskräfte" zwischen der Bundesrepublik Deutschland und der Türkei vom

30. Oktober 1961.[29] Zwischen 1961 und 1975 kamen in der Folge rund 805 000 türkische Arbeiter über Vermittlung des staatlichen türkischen Arbeitsamtes nach Deutschland, weitere 120 000 bis 150 000 wanderten illegal ein.[30]

Die Türkei förderte die Arbeitsemigration, einerseits um dadurch den heimischen Arbeitsmarkt zu entlasten[31], andererseits bildeten die Überweisungen der türkischen Gastarbeiter „einen wichtigen Posten der türkischen Zahlungsbilanz."[32] Daher hoffte sie auch auf den freien Zugang türkischer Arbeitnehmer zum europäischen Arbeitsmarkt, der ihr im Assoziationsabkommen von 1963 und im Zusatzabkommen 1974 für die Zeit ab 1986 in Aussicht gestellt wurde.[33]

1974 erreichte die Zahl der türkischen Arbeitnehmer in Deutschland mit 606 800 ihren vorläufigen Höhepunkt. In den nächsten Jahren ging die Zahl einerseits wegen des Anwerbestopps 1973, andererseits durch die finanzielle Förderung der Rückkehr der Gastarbeiter in ihre Heimatländer 1983/84 zurück, stieg aber schon ab Mitte der 80er Jahre wieder deutlich an.[34]

„Der Aufnahmestopp für ausländische Arbeitnehmer, der 1973 angesichts steigender Arbeitslosigkeit in Deutschland verfügt wurde, führte zwar zu einem Rückgang, aber nicht zu einem kompletten Exodus der ‚Gastarbeiter' [...]. Es ist aus heutiger Sicht nicht überraschend, daß damals die Mehrzahl der ausländischen Arbeitnehmer nicht wieder nach Hause ging, obwohl 1983/84 sogar finanzielle Prämien dafür angeboten wurden. Die ökonomischen und sozialen Perspektiven waren in einem Teil der Heimatländer nicht besonders aussichtsreich. Tatsächlich trug der Rekrutierungsstopp jedoch zur Klärung der biographischen Perspektiven der ausländischen Arbeitnehmer in Deutschland bei: Viele – vor allem Türken – entschlossen sich, auch ihre Familienmitglieder aus ihrem Heimatland nachzuholen."[35]

Von nun an änderte sich die Qualität der türkischen Migration grundlegend. Die Arbeitsmigration wurde durch die Asyl- und Familienzusammenführungsmigration abgelöst und beschränkt sich heute in erster Linie auf Experten, Wissenschaftler und Saisoniers.[36] Nicht mehr hauptsächlich junge Männer verließen nun die Türkei in Richtung Westeuropa, sondern in zunehmendem Maße Frauen und Kinder. Auch die Art des Aufenthalts veränderte sich. Aus einem vorübergehenden Arbeitsaufenthalt wurde eine dauerhafte Niederlassung. Nun konnte der Konzentrationsprozess einsetzen, in dessen Folge es zur Entstehung türkischer Gemeinden oder Ghettos – im Sinne von relativ abgeschotteten sozialen Gebilden – kam. Diese Abschottung nach außen beschreibt auch die deutsch-türkische Soziologin Necla Kelek:

> „Die Freundschaften mit den Deutschen hatten meine Eltern beendet, als die ersten Türken in die kleine Stadt zogen [...]. Wir kannten bald keinen einzigen Deutschen mehr. Und ihre anfänglichen Versuche, die deutsche Sprache zu lernen, hatte meine Mutter inzwischen aufgegeben. In den Firmen gab es Dolmetscher für die Gastarbeiter und zu Hause wurde nur türkisch gesprochen.“[37]

Die Ghettoisierung oder Koloniebildung[38] als Folge von informellen Netzwerken, Kettenwanderung (Verwandte, Nachbarn, Freunde aus demselben Herkunftsort ziehen nach), Familiennachzug und Heiratsmigration stellt demnach ein gewaltiges Hindernis auf dem Weg der Integration türkischstämmiger Mitbürger in Westeuropa dar:

> „Jeder zweite Türke sucht seine Partnerin in der Türkei. Die typische ‚Import-Braut‘ ist jung, ungebildet und vom Dorf, wird an einen fremden Verwandten in Deutschland verheiratet, lebt dort ohne Außenkontakte in der türkischen Gemeinde und lernt kein Deutsch – mit katastrophalen Folgen für die Bildung ihrer Kinder.“[39]

Dies wird unter Heranziehung der deutschen Zahlen deutlich: Von den unter 30-jährigen türkischen Staatsbürgern in Deutschland verlassen 10 Prozent die Schule ohne Abschluss, ein Drittel bleibt ohne Berufsausbildung. Auch an Gymnasien (11 %) und Realschulen (12 %) liegt der Anteil der türkischen Schüler deutlich unter dem deutschen Wert (20 bzw. 19 %). Dies führt dazu, dass 40 Prozent der 18- bis 29-jährigen Türken in Deutschland ihren Unterhalt als ungelernte oder angelernte Arbeiter verdienen. Diese Faktoren führen unter anderem dazu, dass der Anteil der arbeitslosen Türken (2000: 20,2 %) in Deutschland doppelt so hoch ist wie die Gesamtarbeitslosenquote.[40]

Daran ändert auch die Tatsache nichts, dass alleine zwischen 1994 und 2000 über 380 000[41] Türken in Deutschland eingebürgert wurden und als Folge davon die Zahl der Türken in der BRD von über 2 Millionen auf 1,76 Millionen[42] zurückging. Das Problem der Integration türkischer Immigranten in Europa ist bis heute nicht befriedigend gelöst, woran auch der türkische Staat wohl eine Mitschuld trägt.

> „Übrigens gibt es auch in Deutschland Probleme mit z.T. massiven Versuchen, türkischstämmige Mitbürger von der Mitwirkung an integrationsförderlichen Maßnahmen wie Schulversuchen zum islamischen Religionsunterricht in deutscher Sprache abzuhalten bzw. Mitwirkungsbereite als deutsche V-Leute und Vaterlandsverräter zu brandmarken."[43]

Die Integration türkischer Immigranten im großen Stil – ähnlich dem amerikanischen Schmelztiegel – ist in Europa bisher nirgends gelungen. Eine solche sei laut dem früheren deutschen Bundeskanzler Helmut Schmidt auch nicht zu erwarten. Daher bedürfe die Zuwanderung „der gemeinsamen Begrenzung durch die Europäische Union."[44]

Das Problem der Binnenmigration

Ein enormes Problem für die Türkei stellt das Phänomen der Binnenmigration dar. Zwar bemüht sich die türkische Zentralregierung bereits seit den 70er Jahren, „durch gezielte staatliche Investitionen die Infrastruktur und die sozialen Dienstleistungen der weniger entwickelten Regionen zu verbessern“[45], dadurch konnten jedoch kaum Erfolge erzielt werden. Vielmehr besteht im wirtschaftlichen Bereich weiterhin ein sehr starkes Ost-West-Gefälle, das durch das UN-Embargo gegen den Irak und die dadurch unterbrochenen anatolischen Handels- und Wirtschaftsbeziehungen in diesen Raum verschärft wurde. Diese Situation wird verstärkt durch eine Geburtenrate zwischen 6,8 und 10,9 % im Ost- und Südostanatolien, die vor allem die bäuerliche Jugend zur Abwanderung zwingt.[46] In der Folge wanderten seit Mitte der 80er Jahre Hunderttausende aus dem armen Ost- und Südostanatolien in den Westen des Landes. Diese Landflucht hat einerseits eine regelrechte Entvölkerung zur Folge, andererseits platzen die Großstädte im Westen des Landes aus allen Nähten. Zwischen 1975 und 2000 nahm der Anteil der ländlichen Bevölkerung von 58,19 Prozent auf 35,10 Prozent ab.[47]

Neben der wirtschaftlichen Lage ist es vor allem der Kurdenkonflikt, der die Menschen aus dem Osten in den Westen des Landes treibt. Im Zuge des Kampfes der türkischen Armee gegen die kurdische PKK wurden tausende Dörfer menschenleer gemacht, die Bewohner vertrieben und an der Rückkehr gehindert. In der Folge zogen bis zu 3 Millionen Menschen in den Westen.[48]

Armut und bewaffnete Konflikte im Osten Anatoliens führen zu einem „unkontrollierten Wachstum der westlichen Großstädte“[49]. Auch verschärft diese Binnenwanderung die ohnehin angespannte Arbeitsplatzsituation. Da es sich bei den Neuankömmlingen oft um ungelernte Bauern handelt, ist es dementsprechend schwer, sie in die großstädtische Arbeitswelt zu integrieren. Aus diesem Grund ist der Westen der Türkei für viele nur ein Zwischenstopp auf dem Weg in den Westen Europas.

Flucht und Asyl

Nach Art. 1, Ziffer A., Abs. 2 der Genfer Flüchtlingskonvention von 1951 ist denjenigen Personen, die aufgrund „ihrer Rasse, Religion, Nationalität, Zugehörigkeit zu einer bestimmten sozialen Gruppe oder wegen ihrer politischen Überzeugung" verfolgt werden, Asyl zu gewähren.[50]

Neben Arbeits- und „familiärer" Migration (Familienzusammenführung, Einheirat oder Neugründung einer Familie) stieg seit den 80er Jahren wegen „des Militärcoups und als Folge des Kurdenproblems"[51] vor allem die Zahl der türkischen Asylbewerber. Dass es sich dabei nicht bloß um eine „Anzahl von Asylsuchenden"[52] handelt, belegen folgende Zahlen des UNHCR. Zwischen 1992 und 2002 wurden in westeuropäischen Staaten 312 905 Asylanträge türkischer Staatsangehöriger registriert.[53] Im Jahr 2003 suchten in Frankreich 6 143 türkische Staatsbürger um Asyl an.[54] Das entspricht 12 % aller in Frankreich gestellten Asylanträge. In Deutschland waren es 6 235 (12 %)[55], in Großbritannien 2 395 (5 %)[56] und in Österreich 2 839 (9 %)[57]. In Deutschland und Frankreich stellen die türkischen Asylbewerber damit die größte Gruppe dar, in Österreich liegen sie auf Rang 2, in Großbritannien immerhin auf Rang 5.

„Seit 1979/80 erhöhte sich der Anteil der Asylbewerber aus der Türkei an der gesamten Auswanderung. Dies betraf zuerst politische Dissidenten und später in erster Linie kurdische Flüchtlinge. Die fehlende

Bereitschaft der türkischen Regierung zu einer politischen Lösung der von kurdischer Seite erhobenen Forderung nach kultureller Autonomie und der erbitterte Bürgerkrieg zwischen türkischer Armee und kurdischer Guerilla bewirkte in den vergangenen Jahren einen konstant hohen Zustrom von Asylbewerbern. Heute ist die Türkei das zweitwichtigste Herkunftsland von Asylbewerbern in Westeuropa."[58]

Zwischen Januar und Mai 2005 stellten in der Bundesrepublik 1 314 Personen türkischer Staatsbürgerschaft einen Asylantrag. Mehr Antragsteller kamen nur aus Serbien und Montenegro (2 479).[59]

Die relativ hohe Ablehnung von türkischen Asylanträgen – 2001 lag die Anerkennungsquote in Deutschland bei 18 Prozent, 2002 bei 14 Prozent – macht zwar deutlich, dass die überwiegende Zahl der Asylbewerber „aus asylfremden Motiven" immigriert[60], verdeckt aber nicht die Tatsache, dass jährlich hunderten türkischen Staatsbürgern Zuflucht vor politischer Verfolgung gewährt werden muss.

Diese Tatsache stellt einen ganz wesentlichen Faktor für die Bewertung und Einschätzung der Türkei als Beitrittskandidaten dar.

Folgen eines EU-Beitritts der Türkei aus Sicht der Demographie und der Migration

Die Folgen des Bevölkerungswachstums auf EU-Politik und Institutionen

Im Jahre 2003 betrug der Anteil der Türkei an der Gesamtbevölkerung der „EU-28" 12,8 %, während der Anteil Deutschlands 14,8 % beträgt. 2015, also im Jahr eines möglichen Beitritts, liegt der türkische Anteil laut UN-Berechnungen bereits bei 14,4 % und wäre damit in etwa so groß wie der Deutschlands. 2025 wäre die Türkei mit 15,5 % der Bevölkerung das größte Land der EU und würde seinen Anteil bis 2050 noch auf 17,7 % ausbauen.[61] Laut US-Zensusbehörde, die von einem Rückgang der EU-27-Bevölkerung auf 366 Millionen ausgeht, beträgt der türkische Anteil 2050 gar 22 %.[62]

Diese Entwicklung wäre aus verschiedenen Gründen problematisch. Zum einen, da das Verhältnis von Bevölkerungszahl zu wirtschaftlicher Leistung deutlich unter der Westeuropas liegt.

„What is different from the current Union, is that its largest members today – Germany, France, Italy and UK – also have the largest economies. Political and economic dominance go together. This is not the case for Turkey.“[63]

So lag 2002 das BIP pro Einwohner bei 26,9 % des EU-25-Durchschnitts. Das Bruttoinlandsprodukt der Türkei machte nur knapp 2 % dessen der EU-25 aus, während der Bevölkerungsanteil bei rund 13 % lag. Im Vergleich dazu trug Deutschland mit rund 15 % der Bevölkerung gut 22 % des EU-25-BIP bei.[64] Dieses wirtschaftliche Missverhältnis wird noch weiterbestehen.

„Turkey has considerable growth potential but even on a positive scenario of average annual growth of 5 through to 2015 – and EU25 growth of 2 – the Turkish economy by 2015 would only be 2.9 of EU25 GDP.“[65]

Sollte die Türkei 2015 der EU beitreten, würden ihr nach der – wohl gescheiterten – EU-Verfassung im Europäischen Parlament 82 Sitze zustehen, ebenso viele wie Deutschland. Dies entspricht 11,2 % aller Sitze und liegt damit unter dem türkischen Bevölkerungsanteil. Allerdings entspricht es auch etwa dem vierfachen des türkischen Anteils am europäischen BIP. Erstmals wäre es also nicht so, dass politische Macht auch ein Ausdruck wirtschaftlicher Stärke wäre, sondern ausschließlich die Bevölkerungszahl reflektiert. Von daher rührt auch die Sorge „über das institutionelle Gewicht, das das ärmste und am wenigsten ‚europäische' Mitgliedsland erhalten würde."[66]

Insgesamt würde sich in der EU-28 die Machtbalance zugunsten der ärmeren Länder verschieben.

„Die Kohäsionsländer[67] könnten dann einen Anteil von 36 % an der Bevölkerung, 41 % der Parlamentsstimmen und 43 % der Ratsstimmen bei einem BIP-Anteil von nur ca. 9 % auf sich vereinen."[68]

Die derzeitigen Nettozahler (Belgien, Deutschland, Großbritannien, Luxemburg, die Niederlande, Österreich und Schweden) würden unter diesen Umständen nicht einmal mehr über eine Sperrminorität im Ministerrat verfügen.[69]

Eine solche Situation birgt enormes politisches Krisenpotential, das die Funktionalität der EU, also die Fähigkeit, Entscheidungen zu treffen, effizient zu agieren sowie den Integrationsprozess voranzutreiben, deutlich gefährden könnte.

Institutionell ist die EU auf ein Land mit einer derart dynamischen Bevölkerung und einem derart hohen Bevölkerungswachstum wie der Türkei nicht eingestellt, sondern eher auf eine gewisse Konstanz der Bevölkerungszahlen, wie sie in den europäischen Ländern vorhanden ist.

Die Konsequenzen für den Arbeitsmarkt

Der früheste Zeitpunkt für den Beitritt der Türkei zur EU ist 2015, also in knapp zehn Jahren. Aussagen darüber zu machen, wie sich der europäische Arbeitsmarkt in diesen zehn Jahren entwickelt, wäre rein spekulativ. Dennoch gibt es gewisse Aspekte, über die man sich Gedanken machen sollte.

In der EU waren im Juni 2004 19.4 Millionen Menschen arbeitslos. Dies entspricht einer Arbeitslosenquote von 9,1 %.[70] Die EU verfügt also über ein zur Zeit ungenutztes Arbeitskräftepotential von fast 20 Millionen Männern und Frauen. Angesichts der demographischen Entwicklung in der EU, die eine Abnahme der europäischen Bevölkerung befürchten lässt, ist dieses Potential früher oder später aufgebraucht. Dann werden Arbeitskräfte wohl knapp werden. Nun könnte man meinen, dass die Türkei mit ihrer dynamischen Bevölkerungsentwicklung diese Lücke füllen könnte. Tatsache ist allerdings, dass die Türkei zwar Arbeitskräfte exportieren kann, nicht jedoch diejenigen qualifizierten Arbeiter, die in der EU gebraucht werden. Das Problem ist, dass die türkischen Migranten vor allem ungelernte Arbeiter oder Bauern vorwiegend aus Ostanatolien sind. Die EU benötigt jedoch in Zukunft vor allem gut ausgebildete und gelernte Fachkräfte. Diese werden jedoch entweder in der Türkei selbst benötigt oder suchen ihr Glück in Übersee.

„Die Türken-Diaspora in Westeuropa stammt zum größten Teil aus dem ländlichen Teil der Nation. Die Angehörigen der kemalistischen Elite zieht es eher nach Nordamerika."[71]

Angesichts der Situation in der Türkei ist es zwar verständlich, dass die Regierung den Export von Arbeitskräften fördert. Der Fehler ist jedoch der, dass zur Entlastung des heimischen Arbeitsmarktes keine Facharbeiter, sondern Arbeitslose exportiert werden.

Exkurs: Kann die Zuwanderung das Problem der europäischen Bevölkerungsentwicklung lösen?

Die demographischen Prognosen vor allem der UNO zeichnen ein düsteres Bild von Europas Bevölkerung. Der Rückgang der Geburtenzahlen führt zu einem Rückgang der Bevölkerung, die steigende Lebenserwartung führt zu einer Bevölkerungspyramide, die die bestehenden sozialen Systeme unfinanzierbar macht, was ernsthafte Folgen für den sozialen Frieden in Europa haben könnte.

Begründet ist diese europäische Misere in den niedrigen Geburtenziffern, die wiederum verschiedene Ursachen haben. Empfängnisverhütung und Schwangerschaftsabbruch machen eine Schwangerschaft berechenbar. Gleichzeitig wird zunehmend die traditionelle Ehe durch weniger institutionalisierte, oftmals nur vorübergehende Partnerschaften abgelöst, in denen Schwangerschaft und Geburt oft als Risiko angesehen werden. Ein weiterer Trend geht dahin, dass Frauen in zunehmendem Maße den Kinderwunsch hinter berufliche Ambitionen zurückstellen, wodurch sich eine mögliche Geburt in ein späteres Lebensalter verschiebt.[72] Nicht zu vergessen ist der finanzielle Aspekt, der viele junge Paare dazu zwingt, auf die Gründung einer eigenen Familie zu verzichten. Somit

> „werden die Fruchtbarkeitsraten insgesamt wohl vorerst niedrig bleiben, da Frauen zwar ein erstes und zweites Kind in ein höheres Lebensalter verschieben können; eine dritte oder vierte Geburt aber wird selten noch realisiert."[73]

Will die EU ihre wirtschaftlichen Aktivitäten auf dem bisherigen Niveau halten, dann muss die derzeitige Entwicklung irgendwie aufgehalten werden, denn Europa wird nicht nur weniger bevölkert, sondern auch älter und in der Folge inaktiver.[74] Aus diesem Grund schlug die UNO im Jahr 2000 die sogenannte „Bestandserhaltungsmigration" (*Replacement Migration*) als Lösung vor.[75] Durch Immigration sollte die Lücke, die durch die ausbleibenden Geburten entsteht, aufgefüllt werden. Dass dies keinesfalls so einfach ist, zeigen Lutz und Scherbatov[76]: Laut einer Studie aus dem Jahr 2003 würde eine extrem hohe Zuwanderung von jährlich 1,2 Millionen Personen (bisher jährlich rund 700 000) in die EU-15 erst im Zusammenspiel mit einer Geburtenrate von über 1,8 zu einem deutlichen Bevölkerungswachstum führen. Solange die Geburtenrate niedriger liegt, müsste die Zuwanderung noch höher liegen, um einen Rückgang der Bevölkerung zu verhindern.

Könnte die Zuwanderung das Problem der sinkenden Bevölkerungszahl theoretisch lösen, wobei eine befriedigende Integration von über einer Million Menschen pro Jahr nur schwer vorstellbar ist, so kann sie die Überalterung Europas und die daraus resultierenden Folgen nicht aufhalten, wie aus dem Bericht zur sozialen Lage in der Europäischen Union 2002 hervorgeht.

> „Zusammenfassend ist festzuhalten, dass die Zuwanderung dazu beitragen kann, spezifische Lücken auf dem europäischen Arbeitsmarkt zu füllen, aber den Prozess der beträchtlichen Überalterung der Bevölkerung in Europa keinesfalls stoppen oder umkehren kann."[77]

Dem drohenden „demographischen Selbstmord"[78] Europas mit geförderter Zuwanderung zu begegnen kann nicht der geeignete Schritt sein. Vielmehr sollten Voraussetzungen geschaffen werden, Familie und Kinder nicht als finanzielles oder ähnlich geartetes Risiko erscheinen zu lassen. Die politischen Maßnahmen zur Verhinderung einer demographischen Implosion Europas sollten sich also in erster Linie auf familienfördernde Maßnahmen konzentrieren. Dabei darf man sich jedoch nicht nur auf eine Anhebung der Geburtenraten konzentrieren, sondern gleichzeitig müssen auch strukturelle Maßnahmen zur Vereinbarkeit von Beruf und Familie gesetzt werden.

Das Asylproblem

Die Ursachen für die Flucht türkischer Staatsbürger liegen in mehreren Bereichen. Der größte Auslöser ist sicher der ungelöste Kurdenkonflikt. So sind in Deutschland 80 Prozent der türkischen Asylantragsteller Kurden.[79] Zwar gibt es bezüglich der Minderheitenrechte gewisse Fortschritte, aber offensichtlich sind diese nicht ausreichend, um den Exodus Tausender jährlich zu verhindern. Doch sind es nicht nur die Opfer des Kampfes der türkischen Armee gegen die PKK, die das Land verlassen, sondern auch zahlreiche türkische Oppositionelle und Intellektuelle, die sich politischer Verfolgung ausgesetzt sehen.

Allein die Tatsache, dass sich türkische Staatsbürger durch die politische Situation in ihrem Land genötigt sehen zu flüchten und in Europa um Asyl anzusuchen, macht deutlich, dass in der Türkei die politischen Kriterien, wie sie vom Europäischen Rat 1993 in Kopenhagen festgelegt wurden, noch keinesfalls erfüllt sind. Da jedoch die Erfüllung der politischen Kriterien, also eine „institutionelle Stabilität als Garantie für demokratische und rechtsstaatliche Ordnung, für die Wahrung der Menschenrechte sowie die Achtung und den Schutz von Minderheiten“[80], die Grundvoraussetzung für die Aufnahme von Beitrittsverhandlungen ist[81], sind solche Verhandlungen alleine angesichts der Asyl- und Flüchtlingsproblematik auszuschließen.

Anmerkungen

1 Vgl. United Nations Population Division: *World Population Prospects, The 2002 Revision, Highlights*, o.O., 2003, S. 34.

2 Vgl. Dogan, Kultay (Hg.): Türkei 2003, Erstellt von der Türkischen Nachrichtenagentur im Auftrag des Presse- und Informationsamtes des Ministerpräsidialamts, Ankara, 2003, S. 19 ff.

3 United Nations Population Division, 2003, S. 29.

4 Ders., S. 34.

5 Vgl. Öymen, Onur: Die Türkische Herausforderung, EU-Mitglied oder entfernte Verwandte?, Köln, 2001, S. 34.

6 Vgl. Hughes, Kirsty: *Turkey and the European Union: Just another enlargement? Exploring the implications of Turkish accession*, A „Friends of Europe" working paper on the occasion of the „Turkey's EU end-game?", European Policy Summit of 17 June 2004, o.O., 2004, S. 9.

7 Vgl. Eurostat, news release, 48/2005, 8. April 2005.

8 Vgl. Eurostat, news release, 105/2004, 31. August 2004.

9 Vgl. United Nations Population Division, 2004, S. 40.

10 United Nations, Department of Economic and Social Affairs, Population Division: *World Population in 2300, Proceeding of the United Nations Expert Meeting on World Population in 2300*, New York 2004, S. 59.

11 Vgl. Sobotka, Tomas: Kinder nur aufgeschoben oder ganz aufgehoben?, in: Demographische Forschung aus erster Hand, 2005, Nr. 1, S. 3.

12 Vgl. Raddatz, Hans-Peter: Die türkische Gefahr? Risiken und Chancen, München 2004, S. 206.

13 Vgl. Hughes., S. 8.

14 Vgl. CIA, The World Factbook, Turkey, unter: http://www.cia.gov/cia/publications/factbook/goes/tu.html, am 13. Juli 2005.

15 Vgl. CIA, The World Factbook, Turkey, unter: http://www.cia.gov/cia/publications/factbook/goes/ee.html, am 13. Juli 2005.

16 Vgl. United Nations Population Division, 2004, S. 58–61.

17 Vgl. FN 12 und 13.

18 Öymen, S. 41.

19 Raddatz, S. 141.

20 Vgl. Riemer, Andrea K.: *Demographic Obstacles to Stability in the Middle East, The Case of Turkey*, Research Paper No. 63, Special Policy Study, Research Insitute for European and American Studies, Athen, 1999, S. 23.

21 Zwar sinkt die Kindersterblichkeitsrate, mit 41,04 pro 1000 Geburten ist sie aber immer noch achtmal so groß wie in der EU (5,1), vgl. FN 12 und 13.

22 Vgl. Öymen, Onur: Die Türkische Herausforderung, EU-Mitglied oder entfernte Verwandte?, Köln, 2001, 56.

23 Vgl. Ferdowski, Mir A.: Naher und Mittlerer Osten, in: Opitz, Peter J. (Hg.): Der globale Marsch, Flucht und Migration als Weltproblem, München, 1997, S. 223–240, S. 234.

24 Vgl. Fassmann, Heinz Münz, Rainer: Europäische Migration, Ein Überblick, in: Fassmann, Heinz Münz, Rainer (Hg.): Migration in Europa, Historische Entwicklung, aktuelle Trends, politische Reaktionen, Frankfurt am Main, 1996, S. 13–52, S. 38.

25 Ebenda.

26 Vgl. *UN Statical Commission and UN Economic Commission for Europe, Statical Office of the Europen Communities (Eurostat), Joint ECE-EUROSTAT Work Session on Migration Statistics organised in cooperation with the UN Statistics Division, Geneva, 21–23 May 2001: Migration Motives of Non-Dutch Immigrants in the Netherlands, Submitted by Statistics Netherlands, Working Paper No. 4, 13 March 2001*, S. 7.

27 Vgl. Eurostat, *Population by citizenship*, 2001 and 2002 (1st of January), unter: http://europa.eu.int/comm/justice_home/doc_centre/asylum/statistical/docs/2001/population_by_citizenship_en.pdf, online am 1. August 2005.

28 Die Statistik Austria geht allerdings von 126 800 türkischen Staatsbürgern aus, unter: http://www.statistik.at/statistische_uebersichten/deutsch/pdf/k14t_1.pdf, online am 2. August 2005.

29 Vgl. Landeszentrale für politische Bildung Baden-Württemberg, unter: http://www.lpb.bwue.de/aktuell/puu/3_00/Mater-Migration.html, online am 18. Juli 2005.

30 Vgl. Martin, Philip L.: *The unifinished story: Turkish labour migration to Western Europe, with special reference to the Federal Republic of Germany*, Genf, 1991, S. 3.

31 Vgl. Martin, S. 3.

32 Ferdowski, S. 234, vgl. auch Martin, S. 33–38.

33 Vgl. Martin, S. 3.

34 Vgl. Rudolph, Hedwig: Die Dynamik der Einwanderung im Nichteinwanderungsland Deutschland, in: Fassmann, Heinz, Münz, Rainer (Hg.): Mi-

gration in Europa, Historische Entwicklung, aktuelle Trends, politische Reaktionen, Frankfurt am Main, 1996, S. 161–181, S. 168.

35 Rudolph, S. 170.

36 Vgl. Thalheimer, Philipp: Migration und Integration am Beispiel Türkei, in: Bundesamt für die Anerkennung ausländischer Flüchtlinge: Wanderungsbewegung, Migration, Flüchtlinge und Integration (Schriftenreihe Band 10), Nürnberg, 2003, S. 75–120, S. 77.

37 Kelek, Necla: Die fremde Braut, Ein Bericht aus dem Inneren des türkischen Lebens in Deutschland, Köln 2005, S. 128 f.

38 Vgl. Thalheimer, S. 95.

39 Laute Klagen, stilles Leiden, Bücher zur Situation muslimischer Frauen, NZZ vom 19. Juli 2005, S. 35.

40 Vgl. Thalheimer, S. 102 f.

41 Vgl. Statistisches Bundesamt Deutschland: Mitteilung für die Presse (28. Dezember 2000), Einbürgerungen von Ausländern 1999 gegenüber 1998 um ein Drittel gestiegen, unter: http://www.destatis.de/presse/deutsch/pm2000/p4670025.htm, online am 19. Juli 2005, Mitteilung für die Presse (5. Juli 2001), 186700 Einbürgerungen von Ausländern im Jahr 2000, unter: http://www.destatis.de/presse/deutsch/pm2001/p2340025.htm, online am 19. Juli 2005

42 Vgl. Statistisches Bundesamt Deutschland: Ausländische Bevölkerung nach Geburtsland am 31.12.2004, unter: http://www.destatis.de/daten1/stba/html/basis/d/bevoetab10.php, online am 19. Juli 2005.

43 Rohe, Mathias: Die Türkei und die Menschenrechte, Perspektiven einer menschenrechtskonformen Politik und Rechtsordnung, Vortrag bei den 45. Bitburger Gesprächen am 12. Mai 2005 in Berlin, S. 6.

44 Schmidt, Helmut: Die Selbstbehauptung Europas, Perspektiven für das 21. Jahrhundert, Stuttgart/München 2000, S. 220.

45 Ferdowski, S. 235.

46 Vgl. Thalheimer, S. 85 f.

47 Vgl. Dogan, Kutlay (Hg.): Türkei 2003, Erstellt von der Türkischen Nachrichtenagentur im Auftrag des Presse- und Informationsamtes des Ministerpräsidialamts, Ankara, 2003, S. 19.

48 Vgl. Ferdowski, S. 234 f.

49 Ebenda.

50 Vgl. UNHCR: Abkommen über die Rechtsstellung der Flüchtlinge vom 28. Juli 1951 (in Kraft getreten am 22. April 1954), Protokoll über die

Rechtsstellung der Flüchtlinge vom 31. Januar 1967 (in Kraft getreten am 4. Oktober 1967), unter: http://www.unhcr.de/pdf/45.pdf, online am 19. Juli 2005.

51 Bericht der Unabhängigen Türkeikommission: Die Türkei in Europa, Mehr als ein Versprechen?, o.O., September 2004, S. 36.

52 Ebenda.

53 Vgl. Thalheimer, S. 83.

54 Vgl. UNHCR: Herkunftsländer von Asylsuchenden in Europa (2003), veröffentlicht am: Donnerstag, 26. August 2004, unter: http://www.unhcr.de/unhcr.php/cat/14/aid/1081, online am 19. Juli 2005.

55 Laut Bundesamt für Migration und Flüchtlinge waren es 6 301 Antragsteller, davon 5 091 Kurden, vgl. Bundesamt für Migration und Flüchtlinge, Ethnische Herkunft der Asylbewerber, unter: http://www.bamf.de/template/statistik/anlagen/hauptteil_1_auflage_12.pdf, online am 22. Juli 2005.

56 Zahl der Asylanträge (die auch ganze Familien oder Gruppen einschließen können), nicht Gesamtzahl der Asylsuchenden.

57 Laut Bundesministerium für Inneres, Sektion III – Recht, Asyl- und Fremdenstatistik 2003, S. 7 waren es 2 854 Asylanträge türkischer Staatsbürger.

58 Fassmann Münz, S. 38.

59 Bundesamt für Migration und Flüchtlinge, Herkunftsländer, unter: http://www.bamf.de/template/statistik/anlagen/hauptteil_5_2005_05.pdf, online am 22. Juli 2005.

60 Vgl. Thalheimer, S. 89.

61 Vgl. Hughes, Kirsty: *Turkey and the European Union: Just another enlargement? Exploring the implications of Turkish accession*, A „Friends of Europe“ working paper on the occasion of the „Turkey's EU end-game?“, European Policy Summit of 17 June 2004, o.O., 2004, S. 9; vgl. auch United Nations Population Division: *World Population Prospects, The 2002 Revision, Highlights*, o.O., 2003.

62 Vgl. Öymen, S. 37.

63 Hughes, S. 8.

64 Vgl. Hughes, S. 9.

65 Hughes, S. 10.

66 Böttcher, Barbara: EU-Beitritt der Türkei – Der Weg ist das Ziel, in: Deutsche Bank Research: EU-Monitor, Beiträge zur europäischen Integration, Nr. 18, 24. August 2004, S. 3–10, S. 6.

67 Mitgliedsländer mit einem Pro-Kopf-Einkommen unter 90 % des EU-Durchschnitts.

68 Quaisser, Wolfgang, Reppegather, Alexandra: EU-Beitrittsreife der Türkei und Konsequenzen einer EU Mitgliedschaft, Gutachten im Auftrag des Bundesministeriums der Finanzen, Arbeiten aus dem Osteuropa-Institut München, Wirtschaftswissenschaftliche Abteilung, Working Papers, Nr. 252, Januar 2004, S. 80.

69 Vgl. Böttcher, S. 6.

70 Vgl. Eurostat, Arbeitslosenquote der Eurozone, Juni 2004, unter: http://epp.eurostat.cec.eu.int/cache/ITY_PUBLIC/3--03082004-BP/DE/3--03082004-BP-DE.HTML, online am 20. Juli 2005.

71 Tibi, Bassam: Aufbruch am Bosporus, in: Der Spiegel 31/1998 vom 27. Juli 1998, unter: http://www.spiegel.de/spiegel/0,1518,8024,00.html, online am 28. Oktober 2004.

72 Vgl. Gurfinkiel, Michel: *Dénatalité, L'immigration n'est pas la solution*, in: Valeurs Actuelles vom 14. April 2000, S. 27.

73 Sobotka, Tomas: Kinder nur aufgeschoben oder ganz aufgehoben?, in: Demographische Forschung aus erster Hand, 2005, Nr. 1, S. 3.

74 Vgl. Gurfinkiel, S. 28.

75 Vgl. UN Population Division: *Replacement Migration, Is it A Solution to Declining and Agening Populations?*, 2000.

76 Vgl. Lutz, Wolfgang Scherbatov, Sergei: *Can Immigration Compensate for Europe's Low Fertility?*, Wien 2003, unter: http://www.oeaw.ac.at/vid/publications/EDRP_No1.pdf, online am 1. August 2005; vgl. auch Lutz, Wolfgang Scherbatov, Sergei: Können Zuwanderer Bevölkerungsalterung aufhalten? in: Demographische Forschung aus erster Hand, 2004, Nr. 1, S. 3.

77 Europäische Kommission Eurostat: Die Soziale Lage in der Europäischen Union 2002, S. 25.

78 Gurfinkiel, S. 26.

79 Bundesamt für Migration und Flüchtlinge, Ethnische Herkunft der Asylbewerber, unter: http://www.bamf.de/template/statistik/anlagen/hauptteil_1_auflage_12.pdf, online am 22. Juli 2005.

80 Europäischer Rat, Kopenhagen, 21.-22. Juni 1993, Schlussfolgerungen des Vorsitzes, 7.III.

81 Vgl. Europäischer Rat, Helsinki, 10.-11. Dezember 1999, Schlussfolgerungen des Vorsitzes, I.4.

Literatur

Literatur zur demographischen Entwicklung

CIA, The World Factbook, European Union, unter: http://www.cia.gov/cia/publications/factbook/goes/ee.html, online am 13. Juli 2005.

CIA, The World Factbook, Turkey, unter: http://www.cia.gov/cia/publications/factbook/goes/tu.html, online am 13. Juli 2005.

Dogan, Kutlay (Hg.): Türkei 2003, Erstellt von der Türkischen Nachrichtenagentur im Auftrag des Presse- und Informationsamtes des Ministerpräsidialamts, Ankara, 2003.

Eurostat, news release, 48/2005, 8. April 2005.

Hughes, Kirsty: *Turkey and the European Union: Just another enlargement? Exploring the implications of Turkish accession*, A „Friends of Europe“ working paper on the occasion of the „Turkey's EU endgame?“, European Policy Summit of 17 June 2004, o.O., 2004.

Öymen, Onur: Die Türkische Herausforderung, EU-Mitglied oder entfernte Verwandte?, Köln, 2001.

Raddatz, Hans-Peter: Die türkische Gefahr? Risiken und Chancen, München 2004.

Riemer, Andrea K.: *Demographic Obstacles to Stability in the Middle East, The Case of Turkey*, Research Paper No. 63, Special Policy Study, Research Insitute for European and American Studies, Athen, 1999.

United Nations, Department of Economic and Social Affairs, Population Division: *World Population in 2300*, Proceeding of the United Nations Expert Meeting on World Population in 2300, New York, 2004.

United Nations Population Division: *World Population Prospects, The 2002 Revision, Highlights*, o.O., 2003.

Literatur zur Migration

Bericht der Unabhängigen Türkeikommission: Die Türkei in Europa, Mehr als ein Versprechen?, o.O., September 2004.

Böttcher, Barbara: EU-Beitritt der Türkei – Der Weg ist das Ziel, in: Deutsche Bank Research: EU-Monitor, Beiträge zur europäischen Integration, Nr. 18, 24. August 2004, S. 3–10.

Bundesamt für die Anerkennung ausländischer Flüchtlinge: Wanderungsbewegung, Migration, Flüchtlinge und Integration (Schriftenreihe Band 10), Nürnberg, 2003.

Bundesamt für Migration und Flüchtlinge, Ethnische Herkunft der Asylbewerber, unter: http://www.bamf.de/template/statistik/anlagen/hauptteil_1_auflage_12.pdf, online am 22. Juli 2005.

Bundesamt für Migration und Flüchtlinge, Herkunftsländer, unter: http://www.bamf.de/template/statistik/anlagen/hauptteil_5_2005_05.pdf, online am 22. Juli 2005.

Dogan, Kutlay (Hg.): Türkei 2003, Erstellt von der Türkischen Nachrichtenagentur im Auftrag des Presse- und Informationsamtes des Ministerpräsidialamts, Ankara, 2003.

Europäische Kommission Eurostat: Die Soziale Lage in der Europäischen Union 2002.

Europäischer Rat, Helsinki, 10.-11. Dezember 1999, Schlussfolgerungen des Vorsitzes, I.4.

Europäischer Rat, Kopenhagen, 21.-22. Juni 1993, Schlussfolgerungen des Vorsitzes, 7.III.

Eurostat, Arbeitslosenquote der Eurozone, Juni 2004, unter: http://epp.eurostat.cec.eu.int/cache/ITY_PUBLIC/3-03082004-BP/DE/3-03082004-BP-DE.HTML, online am 20. Juli 2005.

Eurostat, Population by citizenship, 2001 and 2002 (1st of January), unter: http://europa.eu.int/comm/justice_home/doc_centre/asylum/statistical/docs/2001/population_by_citizenship_en.pdf, online am 1. August 2005.

Fassmann, Heinz Münz, Rainer (Hg.): Migration in Europa, Historische

Entwicklung, aktuelle Trends, politische Reaktionen, Frankfurt am Main, 1996.

Fassmann, Heinz Münz, Rainer: Europäische Migration, Ein Überblick, in: Fassmann, Heinz Münz, Rainer (Hg.): Migration in Europa, Historische Entwicklung, aktuelle Trends, politische Reaktionen, Frankfurt am Main, 1996, S. 13–52.

Ferdowski, Mir A.: Naher und Mittlerer Osten, in: Opitz, Peter J. (Hg.): Der globale Marsch, Flucht und Migration als Weltproblem, München, 1997, S. 223–240.

Gurfinkiel, Michel: Dénatalité, *L'immigration n'est pas la solution*, in: Valeurs Actuelles vom 14. April 2000.

Hughes, Kirsty: *Turkey and the European Union: Just another enlargement? Exploring the implications of Turkish accession*, A „Friends of Europe" working paper on the occasion of the „Turkey's EU endgame?", European Policy Summit of 17 June 2004, o.O., 2004.

Kelek, Necla: Die fremde Braut, Ein Bericht aus dem Inneren des türkischen Lebens in Deutschland, Köln 2005.

Landeszentrale für politische Bildung Baden-Württemberg, unter: http://www.lpb.bwue.de/aktuell/puu/3_00/Mater-Migration.html, online am 18. Juli 2005.

Laute Klagen, stilles Leiden, Bücher zur Situation muslimischer Frauen, NZZ vom 19. Juli 2005, S. 35.

Lutz, Wolfgang Scherbatov, Sergei: *Can Immigration Compensate for Europe's Low Fertility?,* Wien 2003, unter: http://www.oeaw.ac.at/vid/publications/EDRP_No1.pdf, online am 1. August 2005.

Lutz, Wolfgang Scherbatov, Sergei: Können Zuwanderer Bevölkerungsalterung aufhalten? in: Demographische Forschung aus erster Hand, 2004, Nr. 1.

Martin, Philip L.: *The unfinished story: Turkish labour migration to Western Europe, with special reference to the Federal Republic of Germany*, Genf, 1991.

Moser, Brigitte Weithmann, Michael W.: Die Türkei, Nation zwischen Europa und dem Nahen Osten, Graz Wien Köln, 2002.

Opitz, Peter J. (Hg.): Der globale Marsch, Flucht und Migration als Weltproblem, München, 1997.

Öymen, Onur: Die Türkische Herausforderung, EU-Mitglied oder entfernte Verwandte?, Köln, 2001.

Quaisser, Wolfgang, Reppegather, Alexandra: EU-Beitrittsreife der Türkei und Konsequenzen einer EU-Mitgliedschaft, Gutachten im Auftrag des Bundesministeriums der Finanzen, Arbeiten aus dem Osteuropa-Institut München, Wirtschaftswissenschaftliche Abteilung, Working Papers, Nr. 252, Januar 2004.

Rohe, Mathias: Die Türkei und die Menschenrechte, Perspektiven einer menschenrechtskonformen Politik und Rechtsordnung, Vortrag bei den 45. Bitburger Gesprächen am 12. Mai 2005 in Berlin.

Rudolph, Hedwig: Die Dynamik der Einwanderung im Nichteinwanderungsland Deutschland, in: Fassmann, Heinz, Münz, Rainer (Hg.): Migration in Europa, Historische Entwicklung, aktuelle Trends, politische Reaktionen, Frankfurt am Main, 1996, S. 161–181.

Schmidt, Helmut: Die Selbstbehauptung Europas, Perspektiven für das 21. Jahrhundert, Stuttgart/München 2000.

Sobotka, Tomas: Kinder nur aufgeschoben oder ganz aufgehoben?, in: Demographische Forschung aus erster Hand, 2005, Nr. 1.

Statistik Austria: Bevölkerungsstand und Vorausschätzung, unter: http://www.statistik.at/statistische_uebersichten/deutsch/pdf/k14t_1.pdf, online am 2. August 2005.

Statistisches Bundesamt Deutschland: Ausländische Bevölkerung nach Geburtsland am 31.12.2004, unter: http://www.destatis.de/daten1/stba/html/basis/d/bevoetab10.php, online am 19. Juli 2005.

Statistisches Bundesamt Deutschland: Mitteilung für die Presse (28. Dezember 2000), Einbürgerungen von Ausländern 1999 gegenüber 1998 um ein Drittel gestiegen, unter: http://www.destatis.de/presse/deutsch/pm2000/p4670025.htm, online am 19. Juli 2005.

Statistisches Bundesamt Deutschland: Mitteilung für die Presse (5. Juli 2001), 186700 Einbürgerungen von Ausländern im Jahr 2000, unter: http://www.destatis.de/presse/deutsch/pm2001/p2340025.htm, online am 19. Juli 2005.

Thalheimer, Philipp: Migration und Integration am Beispiel Türkei, in: Bundesamt für die Anerkennung ausländischer Flüchtlinge: Wanderungsbewegung, Migration, Flüchtlinge und Integration (Schriftenreihe Band 10), Nürnberg, 2003, S. 75–120.

Tibi, Bassam: Aufbruch am Bosporus, in: Der Spiegel 31/1998 vom 27. Juli 1998, unter: http://www.spiegel.de/spiegel/0,1518,8024,00.html, online am 28. Oktober 2004.

UNHCR: Abkommen über die Rechtsstellung der Flüchtlinge vom 28. Juli 1951 (in Kraft getreten am 22. April 1954), Protokoll über die Rechtsstellung der Flüchtlinge vom 31. Januar 1967 (in Kraft getreten am 4. Oktober 1967), unter: http://www.unhcr.de/pdf/45.pdf, online am 19. Juli 2005.

UNHCR: Herkunftsländer von Asylsuchenden in Europa (2003), veröffentlicht am: Donnerstag, 26. August 2004, unter: http://www.unhcr.de/unhcr.php/cat/14/aid/1081, online am 19. Juli 2005.

UN Statical Commission and UN Economic Commission for Europe, Statical Office of the European Communities (Eurostat), Joint ECE-EUROSTAT Work Session on Migration Statistics organised in cooperation with the UN Statistics Division, Geneva, 21–23 May 2001: Migration Motives of Non-Dutch Immigrants in the Netherlands, Submitted by Statistics Netherlands, Working Paper No. 4, 13 March 2001.

12. Deutsche Islampolitik?

Wolfgang G. SCHWANITZ

Deutschlands Zukunft gefährde über die schiere Abnahme seiner Bevölkerung hinaus die Zunahme der weniger Stabilen, Intelligenten und Tüchtigen. Dass und warum dies so sei und was man dagegen tun könne, erkläre das jüngste Buch „Deutschland schafft sich ab“, meint sein Autor Thilo Sarrazin.

Islamisches Europa

Mit solchen Aussagen und der heftigen Gegenreaktion wurden 1,1 Millionen Exemplare des Buches gedruckt. Dieses Werk bleibt wohl noch lange umstritten. Im Hinblick auf die Kernthese, Europa werde am Ende des Jahrhunderts islamisch sein, wenn nicht ein Stopp der muslimischen Einwanderung und eine neue Politik erfolge, sagt Sarrazin darin gar nichts Neues, denn der Princetoner Gelehrte Bernard Lewis hatte in seiner Serie von vier jährlichen Interviews in „Die Welt“ seit 2004 bereits auf solche Basistrends hingewiesen und dabei stets seine anfängliche Kernthese aufrechterhalten, dass, sofern die erwähnten gegenwärtigen Trends weiter fortdauern, Europa am Ende des Jahrhunderts muslimisch sein werde.

Dieser Nestor der modernen anglo-amerikanischen Islam- und Mitteloststudien erklärte auf meine Frage am 28. Juli 2004, ob die

Europäische Union ein globales Gegengewicht zu Amerika bilden werde: „Nein. Neben den Vereinigten Staaten werden künftig globale Spieler China, Indien und vielleicht das gesundende Russland sein. Sicher weiß niemand, welcher Art die Macht in Moskau sein wird, aber gewiss nicht kommunistisch. Europa wird ein Teil des arabischen Westens werden, des Maghrebs. Dafür sprechen Migration und Demographie. Die Europäer heiraten spät und haben keine oder nur wenige Kinder. Aber es gibt die starke Immigration: Türken in Deutschland, Araber in Frankreich und Pakistaner in England. Diese heiraten früh und haben viele Kinder. Nach den aktuellen Trends wird Europa spätestens Ende des 21. Jahrhunderts islamische Mehrheiten in der Bevölkerung haben."

Merkwürdig ist es, dass Sarrazin dies weder erwähnt noch genauer auf den folgenden Disput zu solchen Aussagen eingegangen ist. Immerhin haben jene vier Interviews, die voll oder in Auszügen in bis zu einem Dutzend Fremdsprachen übersetzt worden waren, eine globale Debatte über die Ursachen, Wirkungen und Folgen der neuartigen Migration sowie über die Potenzen und die Grenzen der Integration von Muslimen in Demokratien angestoßen.

Vor allem die Aussage, Europa werde späterhin einen Teil der westarabischen Region bilden, führte gleichwohl in Amerika zu neuen Gedanken und strategischen Szenarien. Dazu am Ende dieses Beitrags mehr. Sicher war die Aussage über Europa als ein Teil Westarabiens so zu verstehen, dass dahinter gleichwohl die Türkei als die traditionelle Vormacht des west- und ostarabischen Raumes steht. In einem solchen Fall würde die Türkei nicht Europa, sondern umgekehrt Europa der Türkei und den mit ihr verknüpften islamischen wie arabischen Ländern beitreten. All dies hat nichts an Aktualität verloren, zumal die islamistische Regierung Ankaras dabei ist, säkulare Traditionen aufzuheben, welche die Türkei bislang zu den anderen Demokratien in Europa kompatibler gemacht haben. Schon wird in Amerika und Kanada gefragt, wie lange wohl Ankara in der NATO bleiben könne.

Kulturabbruch?

Bevor es nun um Vor- und Nachteile von Sarazzins Buch geht, seien kurz der Inhalt und die Kernthesen umrissen. Dann erhelle ich vor allem jene Aspekte, die Historisches und Aktuelles in der Beziehungsgeschichte zwischen Mitteleuropa und Mittelost, darin stets Nahost mit einbezogen, angehen. Wie zu zeigen ist, betreffen die spezifischen Fragen des Euroislams vor allem das Kapitel sieben über die Zuwanderung und die Integration, das auch die Probleme des Islam und Islamismus berührt. Doch zunächst gebe ich eine kurze Übersicht.

Der 1945 in Gera geborene und zum Volkswirt ausgebildete Autor gliedert sein Werk in neun Kapitel. Dem historischen Abriss zu Staat und Gesellschaft folgt ein Blick in die Zukunft mit der Prognose, künftige Finanzprobleme würden nicht mehr durch Zuwachs, sondern Umverteilung geregelt werden. Man könne nicht auf die höhere Fertilität hoffen, sondern die deutsche Bevölkerung schrumpfe wie seit 40 Jahren nur noch weiter. Mehr Zuwanderung entlaste Deutschland unter solchen Umständen nur dann, wenn sich dieser Zustrom allein auf die Qualifizierten begrenze. Das ist übrigens ein Punkt, der in solchen Einwanderungsländern wie Amerika normal ist. Dort versucht man, die Einwanderung zu steuern.

Kapitel drei und vier loten Verfall und Armut aus. Hier findet Sarrazin, dass Muslime aus dem Balkan, Mittelost und Afrika den Kern des Integrationsproblems bilden. Dies folge aus ihrem Verhalten, nicht aus ihrer Umwelt. Der Autor spekuliert, was sich ohne sie durch eine andere Weichenstellung 1960 ergeben hätte. Durch die massive Zulassung von Gastarbeitern und den Familiennachzug vereinte sich bald die geringste Bildung mit höchster Fertilität.

Die neuen muslimischen Migrantengruppen mit den größten Bildungsdefiziten und den höchsten Sozialkosten vermehrten sich nunmehr am stärksten. In Berlin sei ein Drittel der Schulanfänger bereits nichtdeutscher Herkunft. Doch wäre ohne die Grundsicherung das Gros der Migranten nie gekommen. Das Bildungsproblem sei ein Problem der Muslime. Sarrazin fordert, deren Einwanderung zu stoppen. Und was wird dann aus den zerrissenen Familien?

Weder moralisch noch funktional sei es richtig, dass die zum Eigenbeitrag Fähigen von der Arbeit anderer lebten, heißt es in Kapitel fünf, dass wie Kapitel sechs der Arbeit und Bildung gilt. Diese Politik beruhe auf einer Illusion über die menschliche Natur, die stets auf Eigennutz abhebe. Der Sozialstaat „selektiere" nun so, dass die weniger Qualifizierten und Tüchtigen fruchtbarer seien als die Qualifizierten und Fleißigen, denn die materielle Sorge für Kinder werde ersteren durch 322 Euro pro Kind im Monat völlig abgenommen. Die Lösung liege in der Senkung der Grundsicherung, etwa 60 Prozent eines mittleren Einkommens, die nur noch gegen verbindliche Gegenleistungen verteilt werden könne, um Anreize zur Arbeitsaufnahme zu erhöhen. Doch wäre die staatliche Migrationspolitik naiv und falsch.

Nach 1945, so heißt es im Kapitel sieben, kamen bis zum Anwerbestop 1973 etwa 2,6 Millionen Gastarbeiter her, darunter zwei Millionen Italiener (nur eine halbe Million blieben) und 0,75 Millionen Türken, deren Nachfahren heute drei Millionen zählten. Nun seien von 16 Millionen mit Migrationsgeschichte vier Millionen Muslime. Doch könnten es auch sechs bis sieben Millionen sein, knapp die Hälfte aller Migranten. Die Hoffnung, sie würden sich in zwei Generationen in ihr Umfeld integriert haben, hätte sich kaum erfüllt. Auch in Amerika liegen diese Probleme sehr ähnlich, wobei auch dort die Zahlenbasis für die Statistiken fragwürdig ist, da Religionszugehörigkeit im Allgemeinen nicht erfasst wird. Alles beruht auf abgeleiteten Indikatoren, hinter denen wie in Europa Fragezeichen stehen. Hier muss ein Weg gefunden werden, zu verlässlicheren Daten zu kommen.

Aber die springenden Punkte der islamischen Einwanderung macht Sarrazin in seiner Untersuchung für Mitteleuropa und für den europäischen Durchschnitt überall so ähnlich aus:

- geringe Integration in den Arbeitsmarkt,
- hohe Abhängigkeit vom Sozialtransfer,
- niedrige Bildungsbeteiligung,
- hohe Fertilität,
- Segregation in Parallelgesellschaften,
- hohe Religiosität mit Hang zum Islamismus und hohe Kriminalität mit Tendenzen zum Terror.

Aufklärung

Plausibel widerlegt Sarazzin Altkanzler Gerhard Schröders Worte gegen das Schweizer Verbot von Minaretten: Gewisse Punkte seien nicht verhandelbar. Es wäre auch naiv zu glauben, ein institutionalisierter Dialog führe zu einer generellen Läuterung des Islam im Sinn der Aufklärung. Diese habe die Staatsmacht überall *gegen* die Kirchen durchgesetzt. Da sich der Islam meist Aufklärung und Pluralismus verweigere, könne er nicht ohne den Islamismus und Terror gedacht werden, auch wenn 95 Prozent der

Muslime friedliebend seien. Meist wären die Terroristen gebildet, wohlhabend und zunehmend aus den Reihen der Konvertiten.

Ein Heer von Integrationsbeauftragten, Islamologen, Verbandsvertretern und Politikern verharmlose und verleugne Probleme, die bei Muslimen auch in den Generationen zwei und drei aufträten. Aber Islamkritik werde mit Islamophobie, Rassismus und Judenfeindschaft gleichgesetzt. Da die Noch-Mehrheit schrumpfe, drohe ein Kulturabbruch. Die geringe Integration der Muslime folge nicht aus dieser Gesellschaft, sondern aus ihren Attitüden in Deutschland.

Keine andere Religion sei so fordernd. Keine andere Immigration beanspruche so den Sozialstaat und führe zu Kriminalität. Keine andere Gruppe betone ihre Andersartigkeit so stark gleichwohl in der Frauenkleidung. Keine andere Religion habe derart fließende Übergänge zu Gewalt, zur Diktatur, zum Terrorismus und bilde in den Städten ihre Quasi-Ghettos.

Thilo Sarrazin möchte, dass seine Enkel und Urenkel auch noch in drei Generationen in Deutschland leben und nicht, dass es größtenteils muslimisch sei. Würden die Trends in Migration und Demographie so weitergehen, dann sinke 2100 die Zahl der Deutschen auf etwa 20 Millionen, indes die der Muslime auf 35 Millionen steige. Kapitel acht und neun bergen Vorschläge und Szenarien, dem zu begegnen. Vieles ist es wert, breit erörtert zu werden.

Anderes ist problematisch, ja könnte als eugenische Idee verstanden werden. Der Autor hat dem durch Wendungen zugearbeitet wie „SS-Männer gezeugt“ und „in Deutschland geborene arabische Flüchtlinge“. Zudem betonte er die Intelligenz in nur einer Gruppe und Erbkrankheiten in der anderen, wobei beides in beiden Teilen gleichwohl vorkommt und auch den bekannten Heiratstraditionen von Minderheiten folgt. Hier hat er sich auf ein Feld begeben, dass sicher auch berechtigt besprochen werden kann. Aber er hat es so getan, dass er eine Gruppe gegen die andere ausspielt, indem er jüdische Komponenten als beispielhaft vorstellt, während er muslimische kritisiert. Dabei haben doch beide viele gemeinsame Ursprünge und Umstände. Um allein ein Beispiel zu nennen: Die besondere Lage in osteuropäischen Ghettos von Juden hat auch dort zu vielen nachweisbaren und in der Forschung längst nachgewiesenen Erscheinungen geführt, die Sarrazin bei Muslimen anprangert.

Wie er diese Thematik dargestellt hat, führt zum größten Fehlgriff in seinem Buch und bietet der Polemik zahlreiche Angriffspunkte, die weit von seinem eigentlichen Anliegen wegführen. Obzwar er von den relevanten Ideen der Nazis abrückt, durchweht sein Buch ein staatszentrierter Geist. So erkennt der Leser rasch, aus welchem Jahrgang der Autor stammt.

Islampolitik

Damit komme ich zu den Schwächen. In Islamfragen ist das Buch historisch überhaupt nicht eingebettet, obgleich es dazu Literatur gibt. Diese hat Sarrazin nicht erkundet. Das bezeugen auch seine Worte, in Deutschland hätte es 1950 praktisch keine Muslime gegeben. Dazu hier nur so viel: Kaiser Wilhelm II. leitete den Disput um den Islamismus ein, als er seine offizielle Islampolitik im Osmanischen Reich 1898 begann. Nebenbei bemerkt, die ersten Generationen von Islamisten gehen auf 1780 zurück, als kurze Zeit später, etwa um 1800, Napoleon mit seinem Feldzug nach Ägypten und Syrien auch die Moderne in Mittelost eingeläutet hat.

Der Islamismus erwuchs damals als ein eigenständiges Phänomen im Ringen mit dem Ausgreifen und der Moderne Europas und Amerikas in islamischen Räumen. Dann, in der imperialen Hochzeit, in den drei Jahrzehten vor 1900, hat Kaiser Wilhelm II. auf seinen Reisen in das Osmanenreich um die Sympathie der einst 300 Millionen Muslime geworben.

Dem lag die Revolutionsidee zugrunde, im Falle eines Weltkrieges diese Gläubigen in den Kolonien in einer deutsch-osmanischen Gemeinschaftsaktion durch Jihad gegen ihre Kolonialherren zu wenden. Der Plan: des Gegners Kolonialraum wird destabilisiert und dort würden so Truppen gebunden werden, die ihm dann an den Hauptfronten Europas fehlen.

Als der deutsche Monarch 1898 den Sultan-Kalif in Istanbul besuchte, leitete er diese offizielle Berliner Islampolitik ein, mit deren Langzeitfolgen wir noch zu ringen haben. Panislamismus, zu Islamismus verkürzt, war einst das Schlagwort des Versuchs, Islam und Jihad für einen globalen und interkonfessionellen Koalitionskrieg zu moderniseren. Einbezogen war auch der Jihad gegen zivile nicht-muslimische Minoritäten wie Juden und Armenier.

Der Nestor der modernen Islamkunde in Deutschland, Carl Heinrich Becker, hat das in Texten zur Berliner Islampolitik erörtert und im Weltkrieg gefördert. Die frühe Migration von Muslimen nach Deutschland begann vor 1900. Zwanzig Jahre später kam die Welle. Nach den Weltkriegen blieben Muslime auch in Mitteleuropa, so in Berlin nach 1918 um 2.000.

Zwei Jahre später forderte Adolf Hitler, „die Einwanderung für alle Nichtdeutschen“ zu stoppen. Allein in Paris schätzte man bald etwa 80.000 Muslime. Unter ihnen betrieben manche Islamisten die alte Jihadisierung des Islam in Europas Netzwerken, wie sie Berlin und Istanbul im Weltkrieg verfolgt hatten. Hier knüpfte Hitler an, indem er Ende 1941 Muslime für fünf von sechs so genannten Ostlegionen und Truppen der Waffen-SS erlaubt hat: An seiner Seite führten einige Millionen Muslime den Jihad in Europa, Mittelost und Sowjetasien.

Nach 1945 blieben zehntausende islamische Mitkämpfer in Deutschland. Ein „heim in das Sowjetreich" wäre ihr Tod gewesen. Einige bildeten Moscheebauvereine, zunächst in Hamburg, dann München 1958. Hernach tauschten Mittelost und Mitteleuropa Radikale aus: geschätzte 4.000 (Ex-)Nazis flohen und lebten in Israels Nachbarstaaten. Sie wurden Muslime und wirkten wie früher, indes arabische Regimes Islamisten nach Europa exiliert haben.

Hierbei tauchten Said Ramadans Muslimbrüder in München auf. Sie übernahmen von Genf aus dortige Kreise. Ihnen half der einstige Jerusalemer Großmufti Amin al-Husaini, indem er zum Beispiel für Münchens geplante Moschee Finanzen in Mittelost mobilisiert hat. Dann warb Bonn auch Muslime als Gastarbeiter an. Und auch dies war kein Zufall. Denn viele der führenden braunen Gesellen in Bonn um den Staatssekretär Hans Globke, den Vertriebenenminister Theodor Oberländer und den Spionagechef Reinhard Gehlen belebten braun-grüne Netzwerke und hegten tiefe Sympathien für einstige Mitkämpfer und deren Glauben. Das geschah im Kalten Krieg, sofern es gegen Feinde im Ostblock ging.

Auf der anderen Seite knüpfte auch der Kreml an die rot-grüne Jihadisierung des Islam seit 1917 an. Ostberlin folgte dem in seiner unerklärten Islampolitik in zweierlei Punkten. Zunächst verdrängte es Ende der 60er Jahre viele jener (Ex-)Nazis, die in Pension gingen, durch eigene Berater und gewann in radikalen Regimes mehr Einfluss. Dabei bekämpfte zum Beispiel Stasi-Minister Erich Mileke gemeinsam mit seinem Kollegen Sharawi Juma aus Kairo transregional die Islamisten. Beide gewannen zusätzliche

Hebel gegenüber den islamistischen Netzwerken in Westeuropa, darunter zugunsten Ostberlins in der Bonner Republik.

In jener Zeit, ab der Wende zu den 70er Jahren, entfalteten sich auch synergetisch der islamistische Terror, siehe Münchner Olympiade, und der linksradikale RAF-Terror. Seit der deutschen Einheit gewannen die Islamisten neue Räume der Globalisierung, die sich im Millennium gleichwohl bei einer Serie von Terroranschlägen in Amerika und Europa offenbarten. Das wäre grob der beziehungsgeschichtliche Hintergrund mancher Resultate, die Sarrazin erörtert.

Privatbereiche

Zum anderen betont er ganz zu Recht die Verantwortung des Individuums. Konträr dazu läuft aber seine Idee der „totalen Versorgung". Und dies ab dem dritten Lebensjahr am besten in Uniform, in Ganztagsstätten und -schulen, wie in Anton S. Makarenkos sowjetischen Heimen.

Der Autor gibt dem Staat zu viel auf, der doch besser limitiert werden sollte. Offenbar ändert der Kollektivismus in Europa nur seine Formen und tobt sich nun in solchen Ideen aus. Geht es auch ohne den Überstaat, vielleicht, wie Sarrazin es selbst auch andeutet, in Privatinitiativen und -bereichen? Aus dem Autor spricht der Staatsbeamte, der stets noch „Nachsteuern" möchte. Dies bleibt seine Crux: viele gute Ideen, aber alles nur immer an den Staat verwiesen. Vielmehr sollten die privaten Schulen und privaten Universitäten für die dringend nötige und belebende Konkurrenz gegenüber den staatlichen Einrichtungen sorgen.

Ist Sarrazin ein Computerstürmer? Er beklagt das Neue und solche „Verblödung". Doch sollte er einmal sehen, was für gute

Möglichkeiten der Visualisierung des Wissens in dem ideenreichen Einsatz des Internets in Forschung und Lehre schlummern. Das Internet im Klassenraum zählt in Amerika zum Standard. Oder kreative Spiele mit dem Computer, in denen Neugierige zum Beispiel selbst die Evolution vom Einzeller bis in die kosmischen Welten nachschöpfen können. Nicht der Feldzug dagegen ist heute geboten, sondern die Erziehung zu einer kritischen, jedoch gleichwohl begrenzten Nutzung solcher modernen Medien.

Stärken

Solide recherchiert, gerät dieses Buch zu einer Zäsur. Wie kritisch man auch dazu stehen mag, niemand kann mehr behaupten, er habe nichts gewusst. Unbenommen sollte man die Reden von Islamisten aber nicht benutzen, wonach es weder Islam noch Islamismus, sondern nur „den“ Islam gäbe. Indes dies liberale Muslime, von denen zu wenige zu Wort kommen, zumal sie um Lamya Kaddor ihren Verband Mitte 2010 gegründet haben, als Zumutung gilt, suchen Islamisten mit solchen Reden, ihre Repräsentation allen Muslimen aufzuzwingen.

Andererseits gilt es zu bedenken, dass der Islam stets die politischste Religion der drei monotheistischen Konfessionen ist, immer eine Einheit von Glauben und Macht vorstellt. Dies im Gegensatz zur judäo-christlichen Trennung von Staat und Kirche. Um so härter ist, was von Muslimen alles erwartet wird: der Sprung durch die Jahrhunderte. Geht das überhaupt? Sarrazin regt an, sich mit Einwanderungsländern wie Amerika zu vergleichen. Da erwachsen viele Forschungsfelder für die regionalhistorische Komparatistik Amerika-Mittelost-Europa.

Akademiker wie Arabisten oder Islamologen mögen Sarrazins Angebote ausloten und hieran erkennen, wie viel Forschung noch nötig ist. Einige Gelehrte waren Zeitgeschichte nicht so gewöhnt. Vor dem Millennium wähnten sie sich in Orchideenfächern. Weiter ist ihre Grundlagenarbeit geboten. Jedoch können sich mehr dieser Forschenden zu Sarrazin äußern.

Erklären heißt nicht entschuldigen, sondern verstehen. Die Alternativen sind ja nicht rosig. Jenseits des Atlantiks, von der distanzierteren Sicht auf Deutschlands und Europas Zukunft aus einem klassischen Einwanderungsland heraus, entstehen schon Argwohn und Prognosen über die „künftigen Bürgerkriege" in der Alten Welt. Und wer kann dies schon wollen?

Meist werden vier Szenarien erörtert, die ich nur in Stichworten umreiße. Fall eins, ein liberaler Euroislam, bedeutet, dass die demokratische Integration von Muslimen friedlich gelingt und dass ein säkularer Euroislam heranreift. Dies setzt eine kluge Islampolitik im nationalen und europäischen Rahmen voraus, in Kombination mit manchen, von Sarrazin angeregten integrations- und bildungspolitischen Leitideen. Freilich gibt es da recht viele Zweifler.

Fall zwei, die Expansion grüner Ghettos, läuft auf eine Majorisierung der europäischen Räume durch Islamisten auf allen Ebenen hinaus, die schweigende Mehrheiten in Schach halten. Radikale Muslime alliieren sich mit transregionalen Kräften für Emirate oder das Kalifat. Ein Schlagwort, dass dies nicht ethnisch umfassend aufhellt, war Eurabia oder Eurostan. Diese weisen auf antimoderne Weltachsen und den antidemokratischen Umbau Europas hin.

Zivilisationskriege, Fall drei, schlössen Deportation und Gewalt ein, die einen Abbruch der Demokratie abwenden sollen. Aber das wäre nicht nur die Negation jeder Integration, sondern könnte auch viele demokratische Werte selbst untergraben. Das wird kaum noch ausgeschlossen. Anhänger dessen weisen auf historische Parallelen hin, wo Demokratien durch Gewalt erhalten worden wären. In einer globalen Welt kann dies extrem sein wie auch das Argument, Gefahr drohe aus einer neuen globalen Kombination von innen und außen.

Fall vier, Festung Europa, folgt daraus. Sie wäre auch die wechselweise Abschottung von Subregionen nach einer strikt geregelten Islam- und Migrationspolitik gleichwohl auf subregionalen Ebenen. Dies könnte einen Zerfall in Unterregionen bedeuten wie auch die Bildung innerer Blöcke in Europa. Auch phasen- und landesweise Kombination der Fälle werden erörtert. Insgesamt sehen nicht wenige eine konfliktreiche Schwächung Europas voraus. Man darf nur hoffen, dass der Sarrazin-Disput beiträgt, dass besser der Fall eins eintritt.

Fazit

Es ist höchste Zeit, dass die Bundesregierung eine offizielle Islampolitik formuliert, zur Diskussion stellt und auch verfolgt. Praktisch hat sie es schon getan, wenn auch durch die Islamkonferenzen halbherzig und nicht sehr erfolgreich. Aber Berlin hat sich bislang um die klare Formulierung einer deutschen Islam- und Migrationspolitik gedrückt, wie sie auch in Amerika vor und nach dem Millennium anklangen, aber nun wiederum vernachlässigt werden.

Wer in Berlin das Multikulturelle als Modell der Integration für gescheitert erklärt hat, der sollte eine alternative deutsche Islampolitik entwerfen, deren Ziel es ja nur sein kann, auf dem Weg des erstgenannten Szenariums den Euroislam kompatibel zur freiheitlichen Grundordnung zu gestalten und ansonsten dem radikalen Islamismus mit der gebotenen Konsequenz entgegenzutreten.

Für all das hat also Thilo Sarrazin die gewünschte breite Debatte, wenn auch nicht ausgelöst, so doch maßgebend vertieft. Dies erzeugt Hoffnung.

13. Islam in Deutschland

Annäherung an ein Problem

Chaim NOLL

Die Wahrnehmung des Islam in Deutschland wird einerseits durch eine Jahrzehnte währende Indifferenz der deutschen Öffentlichkeit und Politik erschwert, andererseits durch die Undurchsichtigkeit muslimischer Gruppen, Organisationen und religiöser Zusammenhänge. Die üblichen westlichen Ansätze, ein Phänomen zu untersuchen, sozialwissenschaftliche Forschung, statistische Befragung etc. werden hier stark behindert, sei es durch eine religiös motivierte Abgrenzungsmentalität, sei es durch Nicht-Bereitschaft, Einblick in Interna islamischer Körperschaften zu gewähren. Kritische Selbstreflexion hat in der islamischen Kultur ohnehin kaum Tradition, die „Glaubensgemeinschaft" *(umma)* – so unpräzise der Begriff angesichts der zahllosen inneren Spaltungen des Islam auch sein mag –, gilt im überlieferten Selbstverständnis als unfehlbar. Der Mangel an Offenheit und Transparenz von Seiten islamischer Organisationen hat fraglos zum steigenden Misstrauen gegenüber den muslimischen Einwanderern in Deutschland beigetragen.

In Deutschland leben heute rund vier Millionen Muslime[1]. Die Zahl ist eine Schätzung, einmal, weil es eine offizielle Registrierung – vergleichbar der Eintragung in Kirchenregister – nicht gibt[2], zum anderen, weil sich die verschiedenen islamischen Richtungen und Ethnien oft kontrovers zueinander verhalten, bis zur gegenseitigen Nicht-Anerkennung als Muslime[3]. Behördlicherseits beginnt das Problem mit der Frage, wer eigentlich als Muslim zu betrachten sei: die Zuordnung erfolgt sowohl nach der Herkunft als auch nach der Mitgliedschaft in islamischen Vereinen und Organisationen. Das heißt, der Begriff Muslim wird gemeinhin sowohl nach dem Glaubensbekenntnis, also konfessionell, als auch ethnisch-genetisch, nach der Geburt, definiert.

Diese grundsätzliche Unklarheit wird dadurch vertieft, dass nach verbreitetem Verständnis der islamischen Theologie jeder Mensch auf der Welt von Geburt Muslim ist, folglich die „Ungläubigen" erst durch Erziehung oder gesellschaftliche Einwirkung in diesen – nach den elementaren Aussagen des Koran verächtlichen – Status versetzt wurden und daher Ziel von Bemühungen der islamischen „Glaubensgemeinschaft" sind, sie für ihren eigentlichen, bei Geburt von Allah verliehenen, dann auf irgendeine Weise eingebüßten Status als „Gläubige" zurückzugewinnen. In diesem Sinne wird ein Übertritt in den Islam extrem leicht gemacht: Es genügt das Aufsagen des Glaubensbekenntnisses (*shahada*) im Beisein zweier Zeugen. Dabei handelt es sich um zwei kurze Formeln aus dem Koran, auf Arabisch nachzusprechen, zunächst *La ilaha il 'lahu,* Es gibt keinen Gott außer Allah[4], sodann (verbunden durch die Konjunktion *wa,* und) die zweite Aussage *Muhamadun rasulu 'lahi,* Mohammed ist der Gesandte Allahs[5]. Shiitische Muslime fügen oft hinzu: Ali ist der Freund Gottes. Um die Figur Ali, Schwiegersohn des Propheten, entstand bereits im 7. Jahrhundert das theologisch unversöhnliche Schisma zwischen Shiiten und Sunniten, das den Islam bis heute in einander feindliche, nicht selten Krieg führende Parteien spaltet. Mit dieser kurzen Deklaration ist der Eintritt in den Islam vollzogen. Zum Vergleich sei an die gründlichen Vorbereitungen bei einem Übertritt zur katholischen Kirche oder den oft Jahre dauernden Prozess einer Konversion ins religiöse Judentum erinnert. Dort werden von Proselyten theologische, historische und rituelle Kenntnisse erwartet, auf die der Islam bei seinen Anhängern verzichtet.

Den hohen Zahlen für Konvertiten zum Islam, die muslimische Organisationen angeben, sollte man misstrauen, weil sie erstens nicht nachprüfbar sind, zweitens in vielen Fällen Menschen – oft in einer gewissen Naivität – das islamische Glaubensbekenntnis sprechen, ohne Kenntnisse über den Islam erlangt zu haben[6]. Die Unkenntnis vieler (auch in den Islam hineingeborener) Muslime über ihre eigene Religion wird bestärkt durch massive Verbote der herkömmlichen islamischen Theologie, über Glaubensfragen zu reflektieren. Von orthodoxen Muslimen wird eine textanalytische Beschäftigung mit dem Schrifttum des Islam grundsätzlich abgelehnt, es sei denn, sie beschränke sich allein auf die vom Propheten selbst oder seinen Genossen überlieferten Belehrungen. Der Koran sei nicht dazu da, „um an den göttlichen Text spekulative Tüfteleien anzuknüpfen (...) Da gelte vielmehr das Koran-Wort: Und wenn du solche siehst, die über unsere Zeichen grübeln, so wende dich von ihnen ab.“[7] Schon Mohammeds Freund und Nachfolger (im Amt des ersten Khalifen) Abu Bekr wird der Spruch zugeschrieben: „Wie könnte mich die Erde tragen oder der Himmel beschatten, wenn ich über den Koran nach meiner subjektiven Meinung *(bi-ra'ji)* spräche, als über etwas, wovon ich nichts verstehe *(bi-ma la alamu)*.“[8] Noch strikter lehnt der maßgebliche Theosoph at-Tirmidi jede nicht durch muslimische Autoritäten gebilligte Beschäftigung mit den „heiligen Texten“ ab: „Wer den Koran nach Gutdünken erklärt, ist dadurch ein Ungläubiger.“[9] Das Wort „Ungläubiger“ bedeutet dem orthodoxen Muslim eine Chiffre für Feinde des Islam, gegen die alle möglichen Maßnahmen geboten sind, bis hin zu ihrer Tötung[10].

Exegese, tiefere Interpretation, kritische Textanalyse, vergleichbar etwa dem rabbinischen Schrifttum oder der modernen Bibelkritik, hält traditionelle islamische Theologie bis heute weitgehend für unerlaubt, zumindest für Laien, erst recht für Nicht-Muslime. Zugleich ist dem, der einmal konvertiert oder in den Islam hineingeboren wurde, ein Austritt nach den islamischen Religionsgesetzen nicht mehr möglich. Der Koran verheißt: „Wer Allah verleugnet, nachdem er gläubig war (...) über die kommt ein Zorn von Gott und bestimmt ist für sie gewaltige Pein."[11] Wenn damit noch Strafen im Jenseits gemeint sind, fügt ein anderer Koranvers zum „Zorn von Gott" den „Fluch der Menschen" hinzu[12]. In Sure 4,89 wird dann ausdrücklich die Abstrafung (Tötung) der „Abtrünnigen" bereits im Diesseits und durch die „Gläubigen" gefordert: „Wenn sie sich abkehren, dann greift sie und tötet sie, wo immer ihr sie findet"[13]. Auf diesen Koran-Stellen basieren die weiteren Regulierungen (u.a. der Shia), wie mit Abtrünnigen zu verfahren sei.

Angesichts der innerislamischen Rechtslage ist es begreiflich, wenn ehemalige Muslime ihre Abwendung vom Islam oder ihren Übertritt in andere Religionen in den meisten Fällen geheim halten. Nicht selten müssen prominente Konvertiten zum christlichen Glauben im heutigen Europa unter Polizeischutz leben. Von islamischen Rechtsgelehrten wird besonders der öffentlich gemachte Aus- oder Übertritt verübelt und für strafwürdig erklärt, wie etwa im Fall Magdi Allam[14]. Mut zeigen auch die in Deutschland im Zentralrat der Ex-Muslime organisierten Frauen und Männer, wenn sie sich öffentlich vom Islam abwenden und in diesem Sinne publizistisch tätig werden. Man muss davon ausgehen, dass die Zahl der geheimen Aus- und Übertritte weitaus größer ist, ganz sicher innerhalb islamischer Länder, aber auch in europäischen Staaten, einschließlich Deutschlands.

Die schismatische Zerrissenheit des Islam in der Welt widerspiegelt sich auch in der deutschen Bevölkerungsgruppe, die wir unter dem Begriff Muslime zusammenfassen. Nach offiziellen Angaben sind etwa 74 % von ihnen Sunni, 13 % Aleviten, 7 % Shiiten und 6 % „Sonstige“ (darunter Ahami, Ibadit u.a.). Auch hier gibt es Schwierigkeiten der Festlegung: So betrachten sich nicht alle der (in der Türkei diskriminierten) Aleviten als Muslime. Unter den als Shiiten Aufgeführten sind zahlreiche Exil-Iraner, die dem Islam gänzlich abgeschworen haben und aus diesem Grund emigrieren mussten. Da ein dem Kirchenaustritt vergleichbares Annulieren der islamischen Religionszugehörigkeit nicht möglich ist, bleibt auch unklar, wieviele Muslime religiös praktizieren, also im eigentlichen Sinn des Wortes die Bezeichnung Muslim verdienen[15]. Alle vorgenannten Ungewissheiten erschweren eine Festlegung oder auch nur präzisere Schätzung der Zahl der in Deutschland lebenden Muslime.

Wie hoch auch immer die genaue Zahl der Muslime in Deutschland sein mag, eines steht fest: ihre Zahl ist steigend. Die deprimierende Demographie der Deutschen ist nicht erst seit Thilo Sarrazins umstrittenem Buch bekannt. Eines ihrer Symptome ist die weitaus höhere Geburtenrate der muslimischen Migranten gegenüber der ansässigen deutschen Bevölkerung, entsprechend das stetige Zunehmen der islamischen Minderheit in den heute schon überalterten, von Geburtenschwund gezeichneten europäischen Nationen. Die berühmte, auch von Sarrazin in seinem Buch zitierte Äußerung des türkischen Europa-Abgeordneten Vural Öger (eines Mitglieds der Sozialdemokratischen Partei Deutschlands) belegt jedenfalls, dass man auf muslimischer Seite den Trend erkannt hat: „Im Jahr 2100 wird es in Deutschland 35 Millionen Türken geben. Die Einwohnerzahl der Deutschen wird dann bei ungefähr 20 Millionen liegen. Das, was Sultan Suleyman 1529 mit der Belagerung Wiens begonnen hat, werden wir über die Einwohner, mit unseren kräftigen Männern und gesunden Frauen verwirklichen."[16]

Die hohe Geburtenrate muslimischer Familien in Deutschland wird zweifellos durch die deutsche Sozialgesetzgebung begünstigt, die auch nicht arbeitenden Eltern durch Wohlfahrtszahlungen und staatliches Kindergeld eine erträgliche Existenz bietet, jedenfalls im Vergleich zu den Lebensmöglichkeiten in ihren Herkunftsländern. Dort ist die Geburtenrate – ganz anders als in Europa – oft rückläufig, etwa im Iran oder einigen nordafrikanisch-muslimischen Ländern oder der Türkei[17]. Als Gründe werden Armut, soziale Perspektivlosigkeit und Repression angenommen (Iran), aber auch westliche Einflüsse und steigender Wohlstand (Türkei). In der für Europa als bedrohlich empfundenen demographischen Entwicklung liegt ein weiterer Grund für das wachsende Misstrauen gegenüber der muslimischen Minorität.

Deutschland war auf die Problematik einer muslimischen Masseneinwanderung nicht vorbereitet, weder der Staat noch der einzelne Bürger. Die religiösen Besonderheiten des Islam waren im allgemeinen Bewusstsein nicht mehr präsent, nicht einmal im Bewusstsein derer, die sich von Berufs wegen damit beschäftigten. Die Orient-Wissenschaften standen Jahrzehnte lang unter dem Verdikt eines Relativismus, der in der berühmten „Ringparabel" seinen metaphorischen Ausdruck gefunden hatte. Die schon vordem in der europäischen Literatur bekannte Legende erlangte in Lessings philosophischer Interpretation eine folgenschwere Bedeutung: Die falsche These von einer tiefgehenden Ähnlichkeit, sogar Gleichheit der „drei „abrahamitischen Religionen" überblendete ihre fundamentalen Unvereinbarkeiten. Bei genauerem Hinsehen erweist sich die Metapher von den „drei gleichen Ringen" als verfehlt. Die ideengeschichtliche Reihenfolge der drei monotheistischen Religionen wird in dieser belletristischen Erzählung ebenso vernachlässigt wie die elementaren Unterschiede im Gottes- und Menschenbild, in der textlichen Konsistenz, im Verhältnis zu Krieg und Frieden oder in der gesellschaftlichen Vision der drei in Frage stehenden Religionen[18].

Eine Romantisierung der morgenländischen Sphäre hatte – nach langer Zwangspause in der Wahrnehmung – bereits im späten 18. Jahrhundert in Europa eingesetzt, spätestens mit Goethe, Hauff und Heine war sie auch in der deutschen Literatur – und darauf folgend in den Fachwissenschaften – etabliert[19]. Diese Tendenz beeinflusst bis heute das europäische Bild vom Islam, unerachtet aller historischen und gegenwärtigen politischen Erfahrungen. Die zwei früheren Versuche des Islam, Europa zu erobern, zunächst durch arabische Invasionsheere vom siebenten Jahrhundert bis ins Mittelalter, dann nochmals, einige Jahrhunderte später, durch die Militärmaschinerie des osmanisch-türkischen Reiches, dringen erst jetzt wieder allmählich ins europäische Bewusstsein. Es blieb einem Papst vorbehalten, an die grausame Eroberung Konstantinopels und die islamische Unterjochung des Balkan, Griechenlands und vieler anderer europäischer Gebiete bis ins neunzehnte Jahrhundert zu erinnern. Dantes oder Voltaires Warnungen vor dem expansiven, inhumanen Charakter der Botschaft Mohammeds waren lange Zeit aus der Erinnerung ausgeblendet (Voltaires Stück *Le Fanatisme ou Mahomet le prophète* wird bis heute aus Angst vor islamischen Protesten nicht gespielt). Auch moderne Islam-Kritik, etwa die fundierten wissenschaftlichen Analysen von Henri Pirenne, Abraham Geiger, Ignaz Goldziher oder Franz Rosenzweigs Darstellung des Islam als Gegenkonzept zum jüdisch-christlichen Humanismus in seinem sonst ausführlich rezipierten Hauptwerk *Der Stern der Erlösung*, wurden kaum beachtet. Ein nebulöses, verharmlosendes Bild des Islam hat sich tief ins europäische Denken gesenkt. Es ist längst Bestandteil der Schulbildung und (von Ausnahmen abgesehen) der verbreiteten akademischen Lehrmeinung geworden, mit weitreichenden Folgen für die politische Realität des heutigen Europa.

Im Sinne einer ideologisch bedingten Vernachlässigung des Religiösen wurde die Einwanderung von Muslimen zunächst als solche gar nicht wahrgenommen: Man sprach von „türkischen Gastarbeitern" oder „Flüchtlingen aus Krisenregionen", ohne sich über die kulturell-weltanschaulichen Hintergründe dieser Einwanderer Gedanken zu machen. Da der sukzessiven Masseneinwanderung von Türken nach Deutschland (seit dem Anwerbe-Abkommen von 1961) beiderseits wirtschaftliche Motive zu Grunde lagen, zudem aus einer Neigung westlicher Staaten, den ökonomischen Gesichtspunkt zu verabsolutieren, wurde man kaum gewahr, dass dieser Vorgang mit dem Import unbekannter Lebenshaltungen verbunden war, geprägt von einer – in ihren herkömmlichen, verbreiteten Auslegungen – expansiven Weltanschauung, deren bemühte Verharmlosung die Wahrnehmung des Problems bis heute erschwert. Islamische Aggression gegen Europa ist weitgehend aus dem Geschichtsunterricht ausgeklammert, historische oder gegenwärtige Konflikte mit Muslimen werden nach verbreitetem Denkmuster auf westliche Schuld zurückgeführt (Kolonialsmus, Kreuzzüge), nicht auf die religiös gebotene Expansivität des traditionellen Islam. Die Debatte um die muslimischen Einwanderer blieb lange Zeit ein Detail innerdeutscher Auseinandersetzungen zwischen Linken und Konservativen um konturlose Begriffe wie „Fremdenfeindlichkeit" oder „Multikulturalität". Diese Befangenheit war vor allem dort vorherrschend, wo Einwanderung keine ökonomischen Gründe hatte, sondern (wie bei politischen Flüchtlingen aus arabischen Staaten) humanitäre. Die radikale Islamisierung ihrer Herkunftsländer seit Ende der siebziger Jahre wurde erst spät als Problem erkannt, etwa der

Wandel des „NATO-Partners“ Türkei von einem – zumindest in der Außenpolitik – pro-westlich orientierten zu einem mehr und mehr von religiösen Fundamentalisten beherrschten Staat.

Der Islam unterscheidet sich elementar von den anderen monotheistischen Religionen, Judentum und Christentum. Zunächst in seiner Genese, die *ab ovo* von Abgrenzung und Segregation bestimmt war. Segregation war das Muster der *muruwa*, des existentiellen Kodex der Beduinenstämme, an die sich Mohammed wandte und denen er die damit eigentlich inkompatible Ethik der biblischen Gesetzesreligion (*din*) auferlegen wollte. Im Koran werden zwei Lebenshaltungen verquickt, die miteinander unvereinbar sind: die tribalistische Ausschließung des „Anderen“ und das biblische Konzept der Gemeinsamkeit und Toleranz. Diese innere Ambivalenz ist der unlösbare innere Konflikt des Islam bis in unsere Zeit, auf ihm beruht ein Großteil seines Aggressionspotentials[20]. Obwohl Franz Rosenzweig den Koran, ideengeschichtlich gesehen, ein „Plagiat“ nennt, da sich der Prediger der Suren fast ausschließlich biblischen Materials bedient, vollzieht diese grundlegende religiöse Schrift der Muslime auf radikale, polemische Weise eine Verwerfung derer, die zuvor im Besitz dieses Wissens waren: Juden und Christen. Von daher ist der Koran über weite Strecken antijüdische und antichristliche Polemik. Die zunächst noch als „Leute des Buches“ bezeichneten Juden und Christen werden im weiteren Textverlauf den „Ungläubigen“ gleichgestellt. Insbesondere Judenhass ist ein Leitmotiv des Koran[21].

Der Islam unterscheidet sich auch in seinem Menschenbild elementar vom biblischen Konzept. Anders als Juden- und Christentum kennt der Islam keine Gleichwertigkeit aller Menschen vor dem Schöpfer, wie sie der biblische Text (etwa Psalm 145,9) postuliert. Folglich ist auch das biblische Konzept vom „Andersdenkenden“ unbekannt, die Achtung vor dem „Anderen“ und „Fremden“ oder der elementare Respekt vor den Frauen[22]. Der Koran klassifiziert die Menschheit im Sinne einer klaren, angeblich gottgewollten Hierarchie in „Gläubige“ und „Ungläubige“. Ähnlich disqualifizierend, für Euopäer kaum nachvollziehbar ist die Behandlung der Frauen in diesem religiösen Grundlagentext, etwa die dort ausgesprochene Legitimation der Vergewaltigung in der Ehe (Sure 2,223) oder der körperlichen Züchtigung „ungehorsamer“ Frauen (Sure 4,34). Die generelle Unterteilung der Menschheit in zwei Klassen, die der Koran vornimmt, bedeutet die Zurücknahme des biblischen Konzepts von der Gleichwertigkeit aller Menschen, legitimiert Sklaverei und andere Formen „gottgewollter“ Unterwerfung von „Ungläubigen“ und macht den Islam zur einzigen der weltweiten Religionen, die offen Apartheid predigt.

Nach verbreiteter Lesart der islamischen Quellen (Koran, Hadith etc.) obliegt der „Gemeinschaft der Gläubigen“ (*umma*) die Expansion ihres Herrschaftsbereichs, des *dar al-islam*, bis die Welt von „Ungläubigen“ frei ist (und von diesen keine „Verführung“ mehr ausgehen kann, Sure 2,191), folglich die territoriale Eroberung der Welt. Politisch gesehen ist der Islam eine globale Erlösungslehre, ähnlich dem Marxismus[23]. Islamische Organisationen in Europa sollten daher genau beobachtet werden, ob sie tatsächlich nur Netzwerke des Gemeindelebens und der Ausübung religiöser Alltagspraxis sind oder sich als Kräfte im weltweiten *jihad* verstehen. Die von der Türkei ausgehende, internationale Vereinigung Milli Görüs zeigt, wie schwer die Grenze zwischen Religionsfreiheit und bedrohlichen Aktivitäten zu ziehen ist[24]. Auch die palästinensische Hamas, in ihrer undurchsichtigen Verquickung aus sozialem Netzwerk und Terrorgruppe, erschwerte den deutschen Behörden über längere Zeit eine konstruktive Haltung[25].

Das Eindringen des Islam nach Europa reflektiert eine Schwäche der westlichen Staaten, ihre reduzierte Fähigkeit, die eigenen Werte zu verteidigen, sowohl ideell als auch administrativ. Auch aus diesem Grund wurden die Gefahren muslimischer Masseneinwanderung lange verdrängt. In seinem berühmten Buch *Les Barbares* analysierte der französische Historiker Louis Halphen das siegreiche Vordringen der Glaubenskrieger Mohammeds in das Europa des frühen Mittelalters, doch er sah den Grund dafür weniger in der Stärke des Islam als in der damaligen Demoralisation Europas: „Die Siege der Araber sind darauf zurückzuführen, dass die Welt, die sie angriffen, reif war für ihren Untergang.“[26]

Die Situation heute unterscheidet sich von der damaligen vor allem darin, dass der Westen seinerseits immensen Einfluss auf den Islam ausübt: über seine Kulturausstrahlung auf die Bevölkerungen muslimischer Länder, durch seine in vielem verlockende Gegenwart auf die Einwanderer in der eigenen Sphäre. Für die seit Jahrhunderten unterdrückten Völker der islamischen Welt, besonders für die Frauen und andere verachtete Gruppen, besitzen die westlichen Freiheiten eine ungeheure Faszination. Die wachsende Zahl abtrünniger Muslime legt nahe, zwischen Muslimen und dem Islam grundsätzlich zu unterscheiden: nicht selten empfindet in diesem religiösen System der oder die Einzelne starke Bedrückung und Frustration[27]. Eine von den Zwängen des Islam freie Umgebung – etwa in einem westlichen Land – kann der Schlüssel zu ihrer individuellen Befreiung sein. Wie sich schon heute zeigt, finden sich unter ihnen Frauen und Männer, die entschiedener für die Werte der westlichen Welt eintreten als mancher dort Geborene.

Anmerkungen

1 Nach Angaben des Bundesamtes für Migration und Flüchtlinge (BAMF) „etwa 3,8 bis 4,3 Millionen" (4,6–5,2 % der Gesamtbevölkerung). Herkunft: ca. 2,5 Millionen Türkei, 600 000 Südosteuropa, 400 000 Naher Osten, 260 000 Afrika, 70 000 Iran, 20 000 zentralasiatische GUS-Staaten. Quelle: Internet. http://www.integration-in-deutschland.de/nn_282926/SubSites/Integration/DE/01__Ueberblick

2 Der Islam ist nicht in öffentlich-rechtlichen Religionsgemeinschaften organisiert und kennt keinen der Kirchen- oder jüdischen Gemeindemitgliedschaft vergleichbaren Status.

3 So wird beispielsweise die im Überblick des BAMF mit „Sufi Mystiker" angegebene Gruppe von anderen islamischen Richtungen nicht anerkannt. Vermutlich handelt es sich zu einem erheblichen Teil um deutsche Konvertiten. BAMF, a.a.O.

4 Der Koran. Übersetzung von Adel Theodor Khoury unter Mitwirklung von Muhamad Salim Abdullah, Gütersloh, 2. Auflage 1992, S. 340, Sure 37 Vers 35 und S. 390, Sure 47,19

5 Koran, a.a.O., S. 395, Sure 48, 29 u.a.

6 Angaben des BAMF über deutsche Konvertiten sind auffallend ungenau (zwischen 13 000 und 100 000), da ein Eintritt in den Islam meist „nicht dokumentiert" wird. BAMF, a.a.O.

7 Ignaz Goldziher, *Die Richtungen der Islamischen Koranauslegung*, Leiden, 1952, S. 61. Die zitierte Koran-Stelle ist Sure 6, Vers 67

8 Überlieferer al-Tabari (838–923) betont „die ausschließliche Berechtigung des auf die Prophetengefährten und Nachfolger gegründeten *ilm*, der durch ununterbrochene Vererbung und Verbreitung beglaubigten Überlieferung als alleinigen Kriteriums der exegetischen Richtigkeit." Goldziher, a.a.O., S. 88

9 Tirmidi, Sahih II 157, deutsche Wiedergabe bei Goldziher, a.a.O., S. 62. Bis heute vorherrschende Ansicht prominenter islamischer Theologen.

10 Neben zahlreichen in den Suren aufgeführten grausamen Strafen, die Allah im Jenseits gegen „Ungläubige" verhängt, auch direkte Aufforderungen an die „Gläubigen", ihrerseits „Ungläubige" zu töten, etwa Sure 8,12, sie zu „jagen" bzw. „aufzuspüren", Sure 4,104 u.a.

11 Koran, a.a.O., S. 209, Sure 16, Vers 106

12 Koran, a.a.O., S. 46, Sure 3, Vers 86 ff.

13 Koran, a.a.O., S. 69

14 So hat der in Qatar lehrende bekannte sunnitische Rechtsgelehrte al-Qaradawi den Ostern 2008 im Petersdom erfolgten Übertritt des gebürtigen Ägypters und heutigen italienischen Journalisten Magdi Allam als „feindlichen Akt gegenüber den Muslimen“ bezeichnet („provocative and hostile act against Muslims“) und Allam selbst als „Agenten Israels“, woraus sich entsprechende Strafen herleiten. Vgl. Gulf Times, Qatar, 12.4.2008

15 Nach Angaben des BAMF bezeichnen sich ca. ein Drittel (36 %) aller deutschen Muslime als „stark gläubig“ und 50 % als „eher gläubig“. Letztere betrachten ihren Glauben also als im Bedarfsfall zu praktizierende oder – auch zu politischen Zwecken – einzusetzende Variable.

16 Vgl. Karen Krüger, *Er ist nur eine Stimme unter vielen*, Frankfurter Allgmeine Zeitung, 30.8.2010. Öger hat die Äußerung später als „Scherz“ deklariert.

17 Internationale Statistiken belegen starken Geburtenrückgang im Iran (von 6,5 Kindern pro Frau auf 1,7) und anderen muslimischen Ländern (Algerien 1,79, Türkei 1,72), United Press Agency spricht vom „most dramatic demographic shift in human history“, UPI Washington, 19.11.2007. Internet: http://www.upi.com/Top_News/Special/2007/11/19/Walkers-World-Irans-baby-bust

18 Chaim Noll, *Bibel und Koran. Nähe und Unvereinbarkeit zweier Konzepte*. Mut, Asendorf, 6/2007 (42. Jahrgang), S. 38 ff.

19 Ders., *Jüdische Sichtweisen auf den Koran*, Zeitschrift für Geschichtswissenschaft, Heft 12/2007, S. 1020 ff.

20 Ignaz Goldziher, *Die Richtungen der islamischen Koran-Auslegung*, Leiden, 1952, S. 13

21 Abraham Geiger, *Was hat Mohammed aus dem Judenthume aufgenommen?* Leipzig, 1902, S. 195 ff. („Bestreitung des Judenthumes im Koran“)

22 In der Bibel, bereits in den mosaischen Büchern, wird nicht nur der „Fremde“ besonderer Achtung empfohlen, sonder auch der Andersgläubige (vgl. Micha 4,5), ein Terminus, den der Islam nicht kennt. vgl. Ch. Noll, Bibel und Koran, ibid., S. 50 f.

23 Diese These vertrat Bertrand Russell in seinem 1920 erschienenen Buch *The Theory and Praxis of Bolshevism*. Vgl. Chaim Noll, Aura der Angst. Kommunismus, Islam und ihre Wirkungen auf Europa. Mut, Asendorf, 12/2007 (Nr. 484), S. 59 ff.

24 Vgl. *Hartes Vorgehen gegen Milli Görüs zeigt Wirkung*. Die Welt, Berlin, 8.2.2010

25 Das Bundesverwaltungsgericht bestätigte am 3.12.2004 eine Entscheidung des damaligen Bundesinnenministers Schily, die Hamas als „terroristische Vereinigung" zu verbieten.

26 Louis Halphen, *Les Barbares. Des grandes invasions aux conquetes turques du XI siecle*, Paris 1926, p. 132

27 Durch die innere Ambivalenz des muslimischen Weltbildes, fand der Anthropologe Claude Lévi-Strauss (1955 in *Tristes Tropiques,* dt. Traurige Tropen, Leipzig 1988, S. 461 f.), werde der Gläubige „in den Zustand einer ständigen Krise versetzt (…) Der gesamte Islam scheint in der Tat eine Methode zu sein, im Kopf der Gläubigen unüberwindliche Konflikte zu schaffen."

14. Ali Bardakoglu: Der kluge Mann vom Bosporus *

Claudia KELLER

Seine Eminenz muss keine Türen öffnen. Eine Entourage von Männern erledigt das für ihn. Sie schützen ihn auch vor der Zudringlichkeit des Spontanen. Mal eben eine Frage stellen geht nicht. Seine Eminenz zu sprechen oder gar zu treffen, braucht viele Monate Vorlauf und gute Fürsprecher. Ali Bardakoglu ist der Chef des Religionsministeriums in der Türkei und dort die oberste islamische Autorität, ein kleiner Papst sozusagen. Er verwaltet ein Jahresbudget von 1,2 Milliarden Euro. Alle 80 000 türkischen Moscheen sind ihm unterstellt, alle Muftis, Imame und Muezzine im Lande sind Staatsbeamte und werden von seiner Behörde bezahlt. Sein Einfluss reicht auch in viele deutsche Moscheen, und wenn in Deutschland über Integration gesprochen wird, sitzt der Herr aus Ankara indirekt mit am Tisch.

Das Religionsministerium Diyanet residiert in einem mehrstöckigen altrosafarbenen Betonklotz am Rand der türkischen Hauptstadt. Drinnen surren die Klimaanlagen. Goldbedruckte Tapeten, schwere Teppiche und wuchtige Ledersessel geben Ali Bardakoglus Büro etwas Pompöses, was dem Behördenchef eigentlich gar nicht so liegt. In einer Behörde gehe es doch leider

---

* Ali Bardakoglu, Jahrgang 1952, war Professor für islamisches Recht in Istanbul und ist seit Mai 2003 Präsident des Amtes für Religiöse Angelegenheiten und damit Herr über 84000 Angestellte. Er ist verheiratet und hat drei Kinder.

sehr formal zu, hat er einmal nach seinem Amtsantritt 2003 geklagt. Seine Vorgänger trugen Schwarz, doch das wirkte ihm zu schwer und autoritär. Er entschied sich für weiß, weißer Kaftan, weißer Fez. In den tiefen Sesseln versinkt der kleine, schmale Mann. Bardakoglu ist Jurist und Theologe, viele Jahre hat er als Wissenschaftler an der Universität gearbeitet. Das große Ölbild über seinem Schreibtisch macht deutlich, wem er heute zu dienen hat: Es zeigt Staatsgründer Kemal Atatürk. Neben dem Schreibtisch steht die rote Fahne der türkischen Republik.

Weil Atatürk die Türkei in einen modernen Staat verwandeln wollte, machte er Schluss mit Sultanat und Kalifat. 1924 gründete er die Diyanet, um den Türken auch wirklich alles Hinterwäldlerische im Glauben auszutreiben. Bis heute untersteht die Behörde dem Ministerpräsidenten. Denn unter Laizismus versteht man in der Türkei nicht so sehr die Trennung von Staat und Religion, sondern die Kontrolle des Staates über die Religion.

In türkischen Behörden gilt strenges Kopftuch-, Kaftan- und Turbanverbot. Für den Diyanet-Chef wird eine Ausnahme gemacht. „Wie gut, dass ich der Einzige bin, der so rumlaufen darf", sagt Ali Bardakoglu und fährt mit der Hand an seinem weißen, goldbestickten Gewand entlang, „sonst würden das wohl alle Männer tun." Ein Mann mit Humor, seine dunklen Augen schauen freundlich unter den buschigen Augenbrauen hervor. Jetzt streicht er sich kurz über den imposanten Schnauzbart, lehnt sich im Sessel zurück und beschreibt sein Aufgabenfeld: „Wenn nicht wir die Geistlichen in die Moscheen schicken, dann holen die Gemeinden sich irgendeinen zerlumpten Mann von der Straße, stellen ihn in die Gebetsnische und lassen ihn predigen." Was der dann predige, das wüssten nur Gott und die Gemeinde – und nach einigen Jahren würde man dann dort die merkwürdigsten Auffassungen vorfinden, die dem Staat womöglich gefährlich werden könnten.

Um das zu verhindern, versorgt die Diyanet die Türken mit „religiösen Informationen“: Astronomen berechnen die exakten Zeiten für die fünf täglichen Gebete, Theologen schreiben die Freitagspredigten für die Imame und verfassen religiöse Rechtsgutachten, in denen sie entscheiden, ob Mundsprays beim Fasten schaden (tun sie nicht) oder ob die Forschungen mit embryonalen Stammzellen zulässige Eingriffe in Gottes Schöpfung sind (sind sie). Auf einem anderen Flur durchforsten Beamte die religiösen Texte nach frauenfeindlichen Äußerungen. Dass der Prophet Mohammed gesagt haben soll: „Die besten Frauen sind die, die Schafen gleichen“, wollen die Diyanet-Theologen heute nicht mehr wörtlich nehmen, solche unsicher überlieferten Sprüche sollen getilgt werden. Bardakoglu hat das Forschungsprojekt ins Leben gerufen. Er hat auch erstmals zwei Frauen als Vize-Muftis berufen.

Der weltgewandte Theologe Ali Bardakoglu hat als Gastprofessor in England gelehrt und gilt als liberal. Er soll helfen, die Befürchtungen zu zerstreuen – im In- und Ausland. Vor Wochen bekundete er, dass er es gut fände, wenn die Geburtskirche des Apostels Paulus im südtürkischen Tarsus, heute ein Museum, wieder für christliche Gottesdienste geöffnet würde. Auch habe er nichts dagegen, wenn in der Hagia Sophia in Istanbul, ebenfalls Museum, eines Tages wieder Muslime und Christen beten. Das kommt im Westen gut an.

Gleichwohl ist die Lage der Kirchen in der Türkei vertrackt, die Nachrichten über eine Liberalisierung sind widersprüchlich: Wird das vom Staat 1971 geschlossene Priesterseminar der orthodoxen Kirche auf der Insel Halki tatsächlich wiedereröffnet und damit das langsame Aussterben dieser Kirche endlich abgewendet? Wird es für den 70-jährigen Patriarchen der orthodoxen Kirche und den erst 54-jährigen, aber an Demenz erkrankten Patriarchen der armenischen Kirche einmal Nachfolger geben, die aus dem Ausland kommen? Bislang hieß es, dafür kämen nur türkische Staatsbürger infrage. Deren Ausbildung im Land wurde aber blockiert. Neuerdings heißt es, dies werde pragmatisch entschieden werden. Merkwürdig auch: Warum kann der deutsche evangelische Pfarrer in Istanbul nur als „Gesandtschaftsprediger“ mit Diplomatenpass seiner Arbeit nachgehen?

Vor zwei Jahren erregte ein Leitfaden für die muslimische Frau auf der Internetseite der Diyanet Aufmerksamkeit. Harmlose Alltäglichkeiten wie parfümieren und flirten wurden gebrandmarkt als Vorstufen zur Sünde des Ehebruchs. Unverheiratete Männer und Frauen sollten sich nicht gemeinsam in einem Raum aufhalten, stand da, denn „wenn ein Mann und eine Frau allein in einem Zimmer sind, ist der Dritte im Bunde der Teufel“. Deshalb sollten Frauen auch besser nicht allein reisen und nur hochgeschlossen vor die Tür gehen. Der umstrittene Leitfaden war kurze Zeit später von der Internetseite verschwunden, die Frage ist geblieben: Ist Ali Bardakoglu wirklich ein Reformer?

Der eben noch freundliche kleine Herr wird auf einmal unwirsch und stellt klar: „Im Islam gibt es keine Reform.“ Mit Reform könnte man ja meinen Schwulenehe, Abtreibung und so. Das Christentum habe gezeigt, wohin die Modernisierung führe: zur Schwächung. Kein Wunder, dass die Kirchen in Europa leer seien. „Der Zauber der Religion liegt in ihrer Unberührtheit“, sagt Bardakoglu, „wenn wir unsere Moscheen für jeden Windhauch öffnen, wird sie ihren Zauber verlieren.“ Der Koran ist für ihn ein Heiligtum, die zugrundeliegenden Werte und Ethik sind nicht verhandelbar. Aber bei den äußeren, praktischen Dingen lässt er mit sich reden. „Man muss den Koran immer wieder neu interpretieren, denn das Leben verändert sich“, sagt er. Die Menschen hätten kulturelle Traditionen wie Schichten um die religiösen Texte gelegt. Und diese Traditionen seien wandelbar.

Im Namen Allahs für die Gleichberechtigung von Männern und Frauen zu streiten und zugleich eine erzkonservative Sexualmoral zu vertreten, ist für ihn deshalb kein Widerspruch. Dass Frauen arbeiten, ist für ihn so selbstverständlich wie das Kopftuchtragen, das er für eine feste religiöse Pflicht hält. Seine Ehefrau und die beiden Töchter verdecken ihr Haar. Eine Tochter ist Lehrerin, sie unterrichtet ohne Tuch, weil es das Gesetz verlangt. Der Staatsbeamte Bardakoglu würde niemals etwas dagegen sagen und rundet das Gespräch mit dem Hinweis ab, dass es sowieso weniger auf äußere Zeichen ankomme als darauf, wie es im Herzen aussehe.

Der Religionswächter ist 1952 nicht mit Kaftan und Fez auf die Welt gekommen, er kennt die Empfindlichkeiten der Andersdenkenden. Sein Vater war Architekt in Kastamonu im Norden der Türkei. Er selbst ist der Einzige in der Familie, der sich mit Religion beschäftigt, die anderen seien clevere Geschäftsleute, sagt er. Und auch er sei langsam in die Religiosität hineingewachsen, es habe keine plötzliche Bekehrung gegeben. Vielleicht ist er auch deshalb kein Eiferer.

Aber natürlich geht es auch ihm um Macht. Und so hat er eine Reform durchgesetzt, die ähnlich weit reicht wie die staatliche Verfassungsreform, die Mitte September beschlossen wurde. Künftig wird der Diyanet-Chef nicht mehr von der Regierung ernannt, sondern von den Muftis gewählt. Für westliche Beobachter war dieser Schritt längst überfällig, in der Türkei kommt er einer Revolution gleich, denn er bricht mit der kemalistischen Tradition, die Religion überwachen zu wollen.

Bei dem Religionswächter in Ankara einen Termin zu bekommen, ist auch deshalb schwierig, weil er so viel unterwegs ist.

Vergangenen November besuchte er die Universität Frankfurt am Main. Es ist der Abend zur Eröffnung eines Symposiums über den Islam. Der Gast aus Ankara wird hofiert, es sprechen der Unipräsident, ein Vertreter des Bundesinnenministeriums, ein Staatssekretär des hessischen Bildungsministeriums, Wissenschaftler.

Bardakoglu hört zu, ein wenig müde. Als ein Flötenspieler eine meditative Melodie in den Raum trägt, ist Bardakoglu hellwach, die Fußspitze tippt den Rhythmus mit, der Oberkörper wiegt sanft vor und zurück. Der Behördenchef ist ein spiritueller Mensch – und ein Religionspolitiker. Anlässe für seinen Besuch sind eine wissenschaftliche Tagung und die Unterzeichnung eines Vertrages für die mittlerweile dritte Stiftungsprofessur an der Frankfurter Uni, die Ankara – nur in dieser deutschen Stadt – finanziert.

Denn die Diyanet ist nicht nur für die Muslime in der Türkei zuständig, sondern auch für rund vier Millionen türkischstämmige Muslime im Ausland. Dazu wurden in 40 Ländern Ableger gegründet, in Deutschland ist es die Türkisch-Islamische Union der Anstalt für Religion, kurz: Ditib. Grundlage dafür war 1984 ein Staatsvertrag zwischen Bonn und Ankara, der ein trauriges Beispiel für die deutsche Integrationspolitik der vergangenen Jahrzehnte ist: Anstatt Möglichkeiten der Selbstorganisation zu fördern, sollte die fremde Religion Islam von einer Institution aus dem Ausland verwaltet werden.

Die Ditib machte ihre Arbeit gut: Heute unterstehen ihr in Deutschland etwa 900 Moscheen, darunter das bislang größte muslimische Gotteshaus, 2008 in Duisburg eröffnet, sowie der umstrittene Neubau in Köln. Bardakoglus Amt schickt die Imame, und bis vor vier Jahren schickte es auch die Freitagspredigten. Bis heute können die Ditib-Imame in Frankfurt und Berlin nicht einfach daherreden, was sie wollen. Wenn sie als Podiumsgast eingeladen werden, sei es auch in eine Nachbargemeinde, wird in Ankara darüber entschieden.

Doch viele junge Leute in den Gemeinden, die hier aufgewachsen sind, wollen sich nicht mehr von Männern aus einer fernen Welt ins Gewissen reden lassen, die weder Deutsch noch die Gepflogenheiten des Landes verstehen. Bardakoglu weiß das, er kennt die Diskussionen in Deutschland genau. Und so reagierte er auf die Kritik und verbesserte die Ausbildung der Geistlichen, die nach Deutschland geschickt werden. Als sich in Deutschland ein politischer Konsens abzeichnete, islamische Theologie an den Unis zu verankern, rief Bardakoglu Stiftungsprofessuren ins Leben. Er wolle Deutschland helfen, sagt er, die Diyanet leiste sozusagen Entwicklungshilfe zum Aufbau theologischer Seminare. Und, ja, er wäre froh, Deutschland bildete selbst Imame aus, dann könnte er seine Leute woanders einsetzen.

Dass hinter der Entwicklungshilfe weniger Selbstlosigkeit steckt als klare Machtpolitik, zeigt vielleicht ein Ausspruch, den Bardakoglu neulich vor Muslimen in den Niederlanden tat: Man müsse die Sprache der Aufnahmegesellschaft lernen, dürfe aber nicht die eigene Sprache, Kultur und eigene nationale Werte vergessen. Oder, wie es auf der Diyanet-Seite im Internet heißt: Wir wollen „bei unseren Mitbürgern im Ausland dazu beitragen, dass sie, ohne sich zu assimilieren, ihrer eigenen Identität treu bleiben und in der Gesellschaft, in der sie sich befinden, in Harmonie leben“.

15. Die Türken in Deutschland

Ministerpräsident ERDOGAN

Meine sehr verehrten Mitbürger, liebe Schwestern und Brüder,

unsere verehrten Botschafter, die ihr den Duft der anatolischen Erde, jene anatolische Sensibilität bis nach Deutschland, in die Mitte Europas, getragen habt, meine Damen und Herren ... Ich grüße Sie alle aus tiefstem Herzen.

Ich grüße jeden Einzelnen von Ihnen mit Liebe und Respekt. Heute ist die Stadt Köln Zeuge eines bedeutungsvollen Programms. Heute wird von hier aus die Botschaft von Brüderlichkeit, Freundschaft, Solidarität und Frieden nach ganz Europa und in die gesamte Welt übermittelt.

Die türkische Gemeinschaft in Deutschland demonstriert heute wieder einmal der ganzen Welt den durch Liebe, Freundschaft und Zuneigung geprägten Charakter unseres Volkes. Die türkische Gemeinschaft ist eine Gemeinschaft der Liebe, des Friedens, die türkische Gemeinschaft ist eine Gemeinschaft, die die Brüderlichkeit hoch hält. Die türkische Gemeinschaft und der türkische Mensch, wohin sie auch immer gehen mögen, bringen nur Liebe, Freundschaft, Ruhe und Geborgenheit mit sich. Hass und Feindschaft können niemals unsere Sache sein. Wir haben mit Streit und Auseinandersetzung nichts zu tun. Genau so, wie jenes Licht, das vor Hunderten von Jahren in Anatolien von Yunus in unsere Herzen eingepflanzt wurde:

„Ich bin nicht zum Streit gekommen,
Meine Sache ist die Liebe.
Das Haus des Freundes, das sind die Herzen,
Ich kam, um Herzen zu gewinnen“

Ich gehe im Geiste zurück in das Jahr 1961, als ich der Abfahrt meiner Verwandten mit jenen von Dampfloks gezogenen Zügen in dem Bahnhof Sirkeci zuwinkte. Als jene Züge unsere Freunde nach Deutschland brachten, trug ein jeder von ihnen jenes Licht, von dem ich eben sprach, im Herzen. Jeder unserer Brüder und Schwestern hat hier Tag und Nacht gearbeitet, um Herzen zu gewinnen. Sie haben jede Bitterkeit zu Honig gemacht, jedweder Schwierigkeit getrotzt. Heute haben Sie fast die Zahl von drei Millionen erreicht. Doch zu Beginn dieser Woche haben wir in Ludwigshafen neun unserer Schwestern und Brüder in einem Brand verloren. Neun unserer Geschwister, fünf von ihnen waren noch Kinder, haben in der Blüte ihrer Jugend dieser Welt Lebwohl gesagt. Ich erbitte für jeden von ihnen Gottes Erbarmen, für meine verletzten Schwestern und Brüder bete ich für baldige Genesung.

Wie Sie wissen, befand sich, bevor wir nach Deutschland kamen, der deutsche Innenminister in der Türkei. Die erste Einschätzung haben wir mit ihm gemeinsam in der Türkei vorgenommen. Sofort nach dem Vorfall haben wir unseren Staatsminister Herrn Mustafa Sait Yazicioglu in Begleitung einer vierköpfigen Expertengruppe der Polizei zum Ort des Geschehens geschickt. Hier haben wir in allen unseren Gesprächen mit den deutschen Stellen unsere Sensibilitäten und unsere Erwartungen zum Ausdruck gebracht und wir haben die Angelegenheit auch mit der verehrten Frau Kanzlerin detailliert besprochen. Wir haben unsere Erwartung, dass dieser Vorfall in allen ihren Dimensionen untersucht wird, ihnen mitgeteilt. Wir haben auch zum Ausdruck gebracht, dass wir diese Angelegenheit weiterhin verfolgen werden.

Unser Wunsch ist der Folgende: Nicht nur unsere Staatsbürger hier, sondern auch unsere Staatsbürger in der Türkei, die diese Entwicklung aus nächster Nähe verfolgen, mögen Ruhe finden. Doch glaube ich, dass auch die deutsche Regierung, das deutsche Volk ebenso beunruhigt sind. Die Aufklärung ist auch erforderlich, damit auch sie Ruhe finden können. Möge Gott geben, dass solche bitteren Bilder die letzten ihrer Art gewesen sind. Möge Gott geben, dass wir nicht noch einmal einen solchen Schmerz erdulden müssen.

Und heute, wie Sie wissen, werden unsere Schwestern und Brüder, die ihr Leben verloren haben, mit einem Flugzeug der Turkish Airlines, das von dem Amt des Ministerpräsidenten geschickt worden ist, in Begleitung ihrer Angehörigen und unserem Staatsminister Herrn Sait Yazicioglu, nach Gaziantep überführt.

Seit dem Jahr 1961 haben Tausende unserer Schwestern und Brüder ihre Häuser, manchmal ihre Familien, ihre Eltern, ihre Ehefrauen und ihre Kinder zurückgelassen und sind hierher gekommen. Nicht wenige von Ihnen haben hier geheiratet, es kamen hier Kinder auf die Welt, es wurden hier Enkel geboren. Heute haben Sie allein in Deutschland eine zahlenmäßige Stärke von fast drei Millionen erreicht. Sie haben nunmehr seit 47 Jahren mit Ihrer Arbeit und Ihrem Eifer dazu beigetragen, dass Deutschland vorankommt, dass Deutschland in Europa und in der Welt zu einem mächtigen Land wird. Sie haben hier einerseits gearbeitet, andererseits aber haben Sie sich bemüht, Ihre Identität, Ihre Kultur, Ihre Traditionen zu bewahren. Ich glaube, Ihre Augen und Ohren waren immer auf die Türkei gerichtet. Die Tatsache, dass Sie seit 47 Jahren Ihre Sprache, Ihren Glauben, Ihre Werte, Ihre Kultur bewahrt haben, vor allem aber, dass Sie sich gegenseitig stets unterstützt haben, diese Tatsache liegt jenseits aller Anerkennung.

Ich verstehe Empfindlichkeit, die Sie gegenüber der Assimilation zeigen, sehr gut. Niemand kann von Ihnen erwarten, Assimilation zu tolerieren. Niemand kann von Ihnen erwarten, dass Sie sich einer Assimilation unterwerfen. Denn Assimilation ist ein Verbrechen gegen die Menschlichkeit. Sie sollten sich dessen bewusst sein.

Wir müssen jedoch auch Folgendes zur Kenntnis nehmen: Sie können sich im heutigen Deutschland, im Europa von heute, in der heutigen Welt, nicht mehr als „der Andere", als derjenige, der nur vorübergehend hier ist, betrachten. Sie dürfen sich nicht so betrachten. Die türkische Gemeinschaft hat sich volle 47 Jahre für dieses Land verausgabt. Nicht nur in Deutschland, die zahlreichen Länder Europas dazugezählt, nähert sich die Zahl unserer Staatsbürger fast fünf Millionen. Es ist bemerkenswert, dass sich in diesen Ländern, trotz dieses immensen Einsatzes, trotz dieser zahlenmäßigen Stärke, gewisse grundlegende Probleme immer noch nicht auf der Tagesordnung befinden. Selbstverständlich werden unsere Kinder Türkisch lernen. Das ist Ihre Muttersprache und es ist Ihr natürlichstes Recht, Ihre Muttersprache Ihren Kindern weiterzugeben.

Jedoch würden Sie, wenn Sie die Sprache des Landes erlernen, in dem Sie leben, oder sogar noch einige Sprachen dazu erlernen, in jeder Hinsicht davon profitieren. Schauen Sie: Viele unserer Kinder hier lernen im frühen Alter keine Fremdsprachen. Diese Kinder werden mit der deutschen Sprache erst dann konfrontiert, wenn sie mit dem Schulbesuch beginnen. Und das führt dazu, dass diese Kinder im Vergleich zu den anderen Schülern die Schullaufbahn bereits mit einem Nachteil von 1:0 beginnen müssen. Doch würde es für Sie und für Ihre Kinder in jeder Hinsicht vorteilhaft sein, wenn Sie die Möglichkeiten, die das qualitative und gut organisierte Schulsystem Ihnen bietet, maximal ausschöpfen.

Sie werden einen Beruf ausüben, Sie werden öffentliche Dienste in Anspruch nehmen. Wenn Sie die Sprache des jeweiligen Landes nicht beherrschen, nicht lernen, so fallen Sie unweigerlich in eine Situation der Benachteiligung.

Weiter: Jahrelang hat eine Haltung vorgeherrscht, die durch eine Distanz gegenüber der Politik in diesem Lande, gegenüber der Außenpolitik, der Innenpolitik, der Sozialpolitik geprägt war. Doch sollte die türkische Gemeinschaft mit ihren drei Millionen Menschen in der Lage sein, in der deutschen politischen Landschaft Einfluss auszuüben, Wirkungen zu erzielen.

Warum sollten wir nicht auch in Deutschland, in den Niederlanden, in Belgien, in den anderen Ländern Europas Bürgermeister haben? Warum sollten wir keine Vetreter und Gruppen in den politischen Parteien haben? Warum sollten wir im deutschen Parlament, im EU-Parlament nicht noch mehr Vertreter haben? Warum sollten unsere Ansichten bei der Formulierung der Sozialpolitik der Länder, in denen wir leben, nicht zur Kenntnis genommen werden?

Schauen Sie sich die amerikanischen Wahlen an. Achten Sie darauf, wie die Menschen aus unterschiedlichen Ländern während den Wahlen und nach den Wahlen auf die Formulierung der Politik Einfluss ausüben. Leider leidet unser Land seit Jahren darunter. Manche Gemeinschaften sind in der Lage, auch wenn sie nur aus einer Handvoll Menschen bestehen, basierend auf ihrem intensiv betriebenen Lobbyismus, die Politik eines jeden Landes, in dem sie sich befinden, zu beeinflussen. Sie können Druck ausüben, um Beschlüsse der Parlamente in den jeweiligen Ländern zu erwirken. Warum sollten auch nicht wir Lobbyismus betreiben, um unsere Interessen zu schützen.

Meine lieben Schwestern und Brüder ... Im Moment leben in Deutschland etwa drei Millionen Türken, doch sind 800 000 unter ihnen deutsche Staatsbürger, 800 000! Das ist keine Zahl, die man einfach so ignorieren könnte. Es ist angebracht, sich damit eingehend auseinanderzusetzen. Sie sollten sich diese Fragen gegenseitig nunmehr öfters stellen. Gott sei Dank, haben wir in den letzten Jahren eine beachtliche Strecke zurückgelegt. Wir stehen in ständigem Kontakt mit unseren Vereinen und den zivilgesellschaftlichen Organisationen hier. Was könnte man noch unternehmen? Wie könnten die Probleme der türkischen Gesellschaft gelöst werden? Wir beschäftigen uns nun viel mehr mit diesen Fragen und wir geben uns viel mehr Mühe und setzen uns stärker ein.

Es ist jetzt unumgänglich geworden, dass auch Sie sich – jeder für sich und in Ihren Familien, mit Ihren Verwandten, Freunden, Nachbarn – diese Fragen verstärkt stellen und die Schritte, die sich aus diesen Fragen ergeben, konzentriert unternehmen. Schauen Sie, heute ist die Türkei ein Land, das sich in dem Beitrittsprozess in die Europäische Union befindet. Das heißt, wir führen Verhandlungen. Wie Sie wissen, hat vor zwei Jahren der Verhandlungsprozess begonnen. Von Zeit zu Zeit kommt es vor, dass gewisse Länder die Frage der Mitgliedschaft der Türkei für ihre innenpolitischen Ziele instrumentalisieren und Schritte unternehmen, die darauf abzielen, den Beitrittsprozess der Türkei zu unterbinden.

Ich möchte hier besonders betonen: Die Türkei hat keine andere Alternative zur Vollmitgliedschaft in der EU, sie kann keine andere Alternative haben. Von Zeit zu Zeit sprechen einige von etwas, das sie „priviligierte Partnerschaft“ nennen. Unser Buch enthält nichts dergleichen, nichts, was man als „priviligierte Partnerschaft“ bezeichnet. Aber ich möchte, dass Sie auch folgenden Punkt beachten: Auch das Rechtssystem der Europäischen Union kennt keine priviligierte Partnerschaft. Nun bereiten sie ein neues Szenario vor. Die Türkei wird in einem solchen Szenario nicht mitspielen. Niemand wird in der Lage sein, der Türkei diesen Anzug aufzuzwingen. Das sollten sie wissen.

Wir haben den Prozess der Europäischen Einigung im Jahr 1959 gestartet. 1963 starteten wir den vertraglichen Prozess. Die Türkei befindet sich seit 1963 vertraglich im Prozess der Europäischen Einigung. Und, können Sie sich vorstellen, sie haben seit 45 Jahren immer das Gleiche getan, immer solche Sachen verlautbart. Doch die Türkei war geduldig. Mit Geduld sind wir so weit gekommen. Nun sagen sie sich: „Vielleicht können wir etwas unternehmen, damit sich die Türkei von uns abwendet?“ Sie mögen uns entschuldigen, wir werden uns nicht abwenden. Wir werden diesen Weg fortsetzen.

Nun, sie wollen uns nicht? Wenn sie uns nicht wollen, sollen sie diejenigen sein, die die Entscheidung fällen. Sie sollen sich entscheiden. Doch wir werden nicht diejenigen sein, die sich davonmachen. Wir werden uns nicht abwenden. Wir machen unsere Hausaufgaben. Wir wissen auch, was wir zu tun haben. Schauen Sie: Das Projekt „Bündnis der Zivilisationen“, das unter der Führung von Herrn Kofi Annan aufgenommen wurde und bei dem wir, gemeinsam mit meinem verehrten Kollegen Zapatero, dem spanischen Ministerpräsidenten, die Moderation übernommen haben, stellt einen wichtigen Schritt dar.

Warum haben wir an diesem wichtigen Schritt teilgenommen? Warum? Weil wir wollten, dass die Europäische Union zu einer wichtigen Adresse wird, wenn es um das Bündnis der Zivilisationen geht. Wenn wir das nicht getan hätten, hätte man das dann als Bündnis bezeichnen können? Nein. Dann wären sie unter sich geblieben. Doch gibt es hier eine Feinheit, die es zu bemerken gilt. Auf der einen Seite, im Namen der islamischen Welt, die 1,5 Milliarden Menschen umfasst, steht die Türkei, die ein demokratischer, laizistischer, sozialer Rechtsstaat ist. Auf der anderen Seite, im Namen des Westens, steht Spanien. Gemeinsam haben wir dieses Projekt gestartet.

Was wollen wir? Es soll keinen Zusammenprall der Zivilisationen, sondern ein Bündnis der Zivilisationen geben. Welche soll die erste Adresse sein? Es soll die Europäische Union sein. Wenn jedoch die Europäische Union nicht in der Lage ist, dieses Unterfangen durchzustehen, so werden wir nicht dafür verantwortlich sein. Es werden diejenigen verantwortlich sein, die nicht in der Lage sind, dies durchzustehen. Ich betone das besonders. Deswegen sage ich allen unseren Schwestern und Brüdern, die in diesem Moment in der Köln Arena versammelt sind: Ja, Sie sind bereits in der Europäischen Union. Sie sind in der EU. Wir sagen unseren europäischen Freunden: „Schauen Sie, Sie machen einen Fehler. Diese Herangehensweise an die Türkei ist nicht angebracht. Wir haben ohnehin im Moment fast fünf Millionen Staatsbürger, die sich in der Europäischen Union befinden, die bereits da sind. Schauen Sie, halten Sie uns nicht länger mit fadenscheinigen Vorwänden auf. Lassen Sie uns diese Sache rasch abschließen. Es sind bereits 45 Jahre vergangen, das ist keine kurze Zeitspanne, lassen Sie diese Hinhaltetaktik."

Natürlich setzen wir uns zusammen und sprechen miteinander, dann sehen wir, dass sie ins Stocken kommen. Wir sind jedoch geduldig. Hoffentlich werden wir das bewältigen. Es gibt jedoch auch andere, die da sagen: „Ziehen Sie sich zurück. Mit der Europäischen Union wird es nicht funktionieren." Liebe Schwestern und Brüder, wir werden auch auf diesen Trick nicht hereinfallen. Wir werden diesen Weg beharrlich fortsetzen. Seit fünf Jahren haben wir diesen Weg fortgesetzt.

Schauen Sie, Gott sei Dank, konnten wir in unserer Regierungsperiode die politischen Kriterien von Kopenhagen erfüllen. Jetzt marschieren wir in Richtung der ökonomischen Maastricht-Kriterien. Es ist interessant festzustellen: Auch in Richtung der ökonomischen Maastricht-Kriterien konnten wir eine beachtliche Wegstrecke zurücklegen. Auch in dieser Hinsicht ist der Punkt, den wir erreicht haben, ansehnlich. Obschon zahlreiche Länder, die der EU zugehören, die ökonomischen Maastricht-Kriterien nicht erfüllen können, sind wir in der Lage, sie zu erfüllen. Wir erfüllen sie!

Nun werden Sie, als unsere europäischen Botschafter und Botschafterinnen, die Hindernisse, die uns hier in den Weg gelegt werden, überwinden, indem Sie ihre demokratischen Rechte einsetzen. Sie werden sie mit Ihren außerordentlichen Bemühungen, mit Ihrer zivilgesellschaftlichen Solidarität, mit Ihren Organisationen, überwinden. Ich glaube daran. Das ist Ihr natürlichstes Recht. Diejenigen, die gegen die Türkei das Wort ergreifen, diejenigen, die der Türkei auf dem Weg der Mitgliedschaft Hindernisse in den Weg legen wollen, sollten sich der demokratischen Macht der türkischen Gemeinde bewusst werden. Die Politiker eines beliebigen Landes sollten, wenn sie eine Erklärung abgeben wollen, einkalkulieren, wie die Türken in diesem Punkt denken. „Wie würden die Türken darauf reagieren?" Sie sollten das unbedingt berücksichtigen. Sie werden sehen, das werden sie auch tun.

Wichtig ist nur, dass wir solidarisch sind. Wichtig ist nur, dass wir uns nicht als Fremde, nicht als Gast, nicht als der/die „Andere" sehen, dass wir uns als ein wesentliches Element dieses Landes betrachten. Sie werden sehen, in dem Moment, in dem wir dies erreichen, werden unsere Probleme hier eins nach dem anderen gelöst werden.

Meine verehrten Schwestern und Brüder, meine verehrten Mitbürger. Gott sei Dank hat die Türkei in den letzten fünf Jahren Fortschritte verzeichnet, die als historisch zu bezeichnen sind. Ich bin mir sicher, dass Sie von hier aus den Prozess der Umwandlung, die die Türkei durchmacht, viel besser verfolgen können. Sie können das Echo der Türkei in der gesamten Welt und in Europa viel besser wahrnehmen. Schauen Sie, was die Freiheiten anbelangt, hat die Türkei in den letzten fünf Jahren Riesenschritte unternommen. Noch im dritten Jahr nach unserer Regierungsübernahme haben wir die politischen Kriterien von Kopenhagen erfüllt. Das liegt nun hinter uns. Auf diese Weise wurde der Weg für die Beitrittsverhandlungen freigemacht. Unsere Bemühungen, die Menschenrechte und die Freiheiten entsprechend den europäischen Standards zu gestalten, werden fortgesetzt.

Wir schreiten entschieden voran, um alle Hindernisse für die Inanspruchnahme der Freiheiten zu beseitigen und eine demokratischere Struktur für die Türkei zu errichten. Haben wir keine Defizite? Zweifellos haben wir welche. Aber wir werden unser Ziel früher oder später erreichen.

Meine lieben Schwestern und Brüder, Sie, Ihre Angehörigen, waren gezwungen, wegen der schlechten wirtschaftlichen Bedingungen, wegen Arbeitslosigkeit, wegen Korruption hierhin zu kommen und hier unter schweren Bedingungen zu arbeiten. Niemand sonst kann besser nachvollziehen, was das heißt, was das Leben in der Fremde bedeutet. Genau so waren Tausende von unseren Studentinnen gezwungen, wegen gewisser Hindernisse ihr Land und ihre Universitäten zu verlassen und hierhin und in andere Länder der Welt zu gehen und in der Fremde zu leben. Wer besitzt das Recht dazu? Wer besitzt das Recht und die Befugnis, den

Menschen ihre eigene Heimat, das eigene Vaterland zu verwehren. Mit welcher Berechtigung zwingt diese geläufige Geisteshaltung unsere intelligenten und fleißigen jungen Leute, unsere unternehmerischen jungen Leute dazu, die Träger eines „braindrain“ zu werden und die eigene Heimat zu verlassen?

Diese Dinge sind nicht nachvollziehbar. Die Türkei, die sich im Prozess der Aufnahmeverhandlungen für die Europäische Union befindet, verdient eine solche Praxis nicht.

Meine lieben Schwestern und Brüder, die Türkei wird nunmehr von einer Regierung gelenkt, die Ihre Probleme kennt und die ihre Arbeitszeit für die Lösung Ihrer Probleme aufwendet. Ich muss natürlich hier eine Sache ansprechen, die uns Kummer bereitet. Ich weiß sehr wohl, dass die Änderungen im Zuwanderungsgesetz Sie beunruhigt haben. Wir verfolgen dieses Thema aus nächster Nähe. Gestern, vorgestern haben wir dieses Thema mit der sehr geehrten Kanzlerin besprochen. Wir haben auch mit den zuständigen Ministern darüber gesprochen. Wir möchten insbesondere, dass Sie, sowohl als Einzelpersonen als auch als zivilgesellschaftliche Organisationen, bei Ihrem Einsatz für Ihre Rechte im Rahmen der nationalen und internationalen Gesetzgebung beim Ausdruck Ihrer Kritik, wie es bislang immer der Fall war, respektvoll gegenüber dem Recht des Landes bleiben, in dem Sie leben, und besonnen und maßvoll vorgehen. Bei dieser Gelegenheit möchte ich Sie auch für diese Ihre Verhaltensweise beglückwünschen. Ich bin überzeugt, dass, wenn Sie Ihre unterschiedlichen Ansichten beiseite legen und bezüglich der gemeinsamen Interessen gemeinsam vorgehen, diese Haltung Ihre Stärke noch multiplizieren wird.

Die Arbeiten an den Gesetzeswerken, mit dem Ziel, die Teilnahme der türkischen Staatsbürger im Ausland an den allgemeinen Parlamentswahlen, an den Volksentscheiden und an der Wahl des Präsidenten der Republik, und zwar von den Orten aus, in denen sie leben, zu ermöglichen, sind im Gange. Die Vorlage wurde bereits an das Parlament weitergereicht. Die Form dieser Beteiligung wird durch den Obersten Wahlausschuss bestimmt werden. Und ich hoffe, dass bei den nächsten allgemeinen Wahlen, bei den Wahlen für die Präsidentschaft und bei den Volksentscheiden, wobei die Kommunalwahlen ausgenommen sind, denn bei denen ist das nicht möglich, mein Volk nunmehr seine Stimme abgeben können wird. Wir haben eine Reihe neuer Regelungen durchgeführt, damit unsere Botschaften, unsere Konsulate Ihnen noch bessere Dienstleistungen bieten können. Jetzt können Sie zahlreiche Formalitäten, welche die Konsulate betreffen, ohne zu warten, ohne zu ermüden, einfach über Ihren eigenen Computer erledigen. Die Schritte hierzu sind bereits unternommen worden. Wir haben auch ein Call Center in unserem Außenministerium eingerichtet, an das sich unsere Staatsbürger wenden können, wenn Sie Schwierigkeiten haben, unsere Konsulate telefonisch zu erreichen.

Ein anderer Punkt auf unserer Tagesordnung ist ein Programm, das hässliche Anspielungen beinhaltet und das leider in einem deutschen Fernsehkanal gesendet worden ist. Ich möchte zum Ausdruck bringen, dass unser Volk wegen dieser hässlichen Darstellungen zutiefst verletzt wurde. Die Pressefreiheit kann niemals unbeschränkt sein. Die Meinungsfreiheit kann niemals unbeschränkt sein. Die Freiheiten reichen nur bis zur Grenze eines anderen Freiheitsbereiches. Bis dahin bist Du frei, aber sobald Du den Freiheitsbereich eines anderen Menschen betrittst, endet Deine Freiheit, sollte Deine Freiheit enden. Andernfalls bedeutet dies die Missachtung der Menschenwürde. Es bedeutet die Missachtung des Rechts auf Gründung unterschiedlicher Vereinigungen. Wir erwarten in diesem Punkt Sensibilität. Wir erwarteten und erwarten immer noch in diesem Zusammenhang von denjenigen, die für die Ausstrahlung des besagten Programms verantwortlich sind, von der betreffenden Behörde, dass sie sich, insbesondere bei unseren alevitischen Staatsbürgern, bei der Öffentlichkeit wegen der erfolgten Übergriffe entschuldigen. Unser Unbehagen in diesem Zusammenhang haben wir, meine lieben Schwestern und Brüder, den deutschen Stellen mitgeteilt. Wir werden dies weiter verfolgen. Wir haben dies in zahlreichen europäischen Parlamenten, im Europarat und bei unseren Gesprächen auf die Tagesordnung gesetzt.

Meine werten Schwestern und Brüder, wir sind in der Türkei in dem Maße glücklich und ruhig, wie Sie hier glücklich und ruhig sind. Ihre Probleme sind unsere Probleme. Seien Sie sich dessen sicher, dass Ihre Angelegenheiten auch unsere Angelegenheiten sind. Wichtig ist, dass wir die Hoffnung nicht verlieren, dass wir niemals Abstriche an dem Geist der Solidarität zulassen, wir einheitlich, stark und vital sind ... Es gibt kein Problem, das wir nicht mit Gottes Hilfe bewältigen können, und es wird auch in Zukunft kein solches Problem geben.

16. Türkei will die EU dominieren

Wolfgang Böhm

Ankaras Vizepremier Ali Babacan erhofft eine führende Rolle für sein Land in der Europäischen Union. Aufgrund des hohen Wirtschafts- und Bevölkerungswachstums führt an der Türkei kein Weg vorbei.

„Wenn die Türkei ein Mitglied der EU wird, wird sie nicht in der zweiten Reihe stehen, und das ist einer der Gründe, warum Länder wie Deutschland und Frankreich recht nervös über unsere Mitgliedschaft sind." Der türkische Vizepremier Ali Babacan zeigte am Rande der UN-Vollversammlung in New York Selbstbewusstsein. Sein Anspruch auf eine EU-Führungsrolle begründet sich auf harte Fakten: Mit einem Wirtschaftswachstum von voraussichtlich sieben Prozent in diesem Jahr, mit zunehmendem Einfluss als Handelsdrehscheibe für Energie und mit seinem fast unerschöpflichen Potenzial an Human-Ressourcen hat die Türkei zuletzt auf die europäische Überholspur gewechselt.

Zurzeit ist die Türkei die siebzehntgrößte Volkswirtschaft der Welt. In zwanzig Jahren dürfte es laut Wirtschaftsforschern unter den Top Ten liegen und Länder wie Spanien oder Italien hinter sich lassen. Gleichzeitig wird die Türkei laut Prognose von IIASA und der Akademie der Wissenschaften zu diesem Zeitpunkt rund 85,5 Millionen Einwohner zählen und damit das größte EU-Land, Deutschland, überholen.

Sollte die Türkei trotz Widerstands von Ländern wie Österreich, Deutschland oder Frankreich der EU beitreten, würde

Ankaras politische Führung in den EU-Institutionen dominieren. Schon heute wäre die Türkei das Land mit dem zweitgrößten politischen Einfluss im Europaparlament und gleichberechtigt mit den größten Ländern im EU-Rat (siehe Grafik). Obwohl das Machtgefüge der Union in den nächsten Jahren schrittweise an die Regeln des Lissabon-Vertrags angepasst werden muss, würde sich für die Türkei wenig ändern. Ankaras Einfluss dürfte sogar durch sein hohes Bevölkerungswachstum noch steigen, da sich die Zahl der Sitze im Europaparlament oder die neuen Mehrheitsverhältnisse im Rat vor allem an der Einwohnerzahl orientieren.

Als großes Land wird die Türkei nicht nur leicht Entscheidungen in der EU durchsetzen, sondern unliebsame Beschlüsse auch blockieren können. Der Lissabon-Vertrag sieht vor, dass ab 2014 Länder, die zusammen über 35 Prozent der EU-Bevölkerung verfügen, eine Sperrminorität bilden. Das heißt, Ankara könnte beispielsweise gemeinsam mit London, Madrid und Warschau jede von Paris und Berlin vorgegebene politische Maßnahme durchkreuzen. Die Dominanz der deutsch-französischen Achse wäre durchbrochen.

Einfluss auf EU-Politik

Was würde sich politisch durch eine EU-Mitgliedschaft der Türkei ändern? Die EU-Außen- und Sicherheitspolitik würde sich mit der Türkei nach Ansicht von EU-Diplomaten noch stärker an den USA orientieren. In der Handelspolitik dürfte Ankara stärker als die bisherigen EU-Länder auf Freihandel setzen. Die Bemühungen um mehr Kooperation bei der inneren Sicherheit würden von Ankara mit großer Wahrscheinlichkeit vorangetrieben. Doch wird auch erwartet, dass Ankara bei der Durchsetzung bürgerlicher Freiheitsrechte wie etwa Datenschutz auf die Bremse tritt.

Babacan wies in New York darauf hin, dass die Europäische Union mit der Türkei international an Bedeutung gewinnen würde. „Das Gewicht der europäischen Wirtschaft in der Welt ist geschrumpft und wird weiterschrumpfen. Nur mit einer Erweiterung wird die EU in der Lage sein, Macht und Einfluss zu wahren." Eine Meinung, der sich zuletzt auch der deutsche Altkanzler Gerhard Schröder in einem Beitrag für „Welt-Online" angeschlossen hat. „Ohne die Türkei versinkt die EU im Mittelmaß", so der SPD-Politiker. Er wies dabei auf das rasante Wachstumstempo hin. Allein in diesem Jahr wird die türkische Wirtschaft viermal mehr als die französische und doppelt so viel wie die deutsche Wirtschaft zulegen. Schröder erwartet, dass die Türkei in 20 Jahren die viert- oder fünftgrößte Wirtschaft Europas sein werde. Dann führte an ihr kein Weg mehr vorbei.

17. Gesellschaftliche Realität und Wissenschaft

Robert SCHEDIWY

Vor mehr als vierzig Jahren habe ich anlässlich eines Studienjahres in den USA eher zufällig E. Franklin Fraziers Soziologieklassiker The Negro in the United States (New York: Macmillan, 1949) parallel mit Theodor W. Adornos Studien zum autoritären Charakter (Frankfurt/M. 1973) gelesen. Da gab es einen höchst instruktiven Vergleich zu ziehen: Theodor W. Adorno wertete bei seinen Interviews in den USA der 1940er Jahre den Hinweis eines Interviewpartners auf die Neigung afroamerikanischer Unterschichtler zu teuren Imponierautos à la Cadillac als sonderbares Vorurteil – während der bekannte schwarze Soziologe Frazier sich annähernd zur selben Zeit mit eben dieser Neigung zu ostentativem Konsum und Statussymbolen als einem unleugbaren Realphänomen ernsthaft auseinandersetzte.

Was beim Neuimmigranten Adorno auch auf entschuldbare Unkenntnis der amerikanischen Gesellschaft und ihrer schichtspezifischen Charakteristika zurückgehen mochte, berührte mich dennoch seltsam. Da gab es nämlich im Hintergrund offenbar eine bewusste Entscheidung, die Erörterung der soziale Realität auszuklammern und allein deren Perzeption durch das vorurteilsbehaftete Individuum zu analysieren (Adorno, a. a. O. S. 108). Das gefiel mir ganz und gar nicht, denn diese bewusste Verkürzung des Analysehorizonts hatte fatale Folgen für die intellektuelle Qualität des Diskurses – und dies nicht nur in Fragen Cadillac. So führte Adorno zwar Griechen und Armenier als Ersatzobjekte für Antisemitismus an (S. 113), erwähnte aber nicht die reale Gemeinsamkeit der typischen Händlerfunktion dieser Gruppen (die etwa auch von den Indern in Ostafrika und den Chinesen in Südostasien und Indonesien mit ähnlicher stereotypenprägender Wirkung ausgeübt wird).

Die Lektüre von Adornos Buch bewirkte einen massiven Riss in meiner zuvor durchaus dem 68er-Standard entsprechenden Begeisterung für die Frankfurter Schule. Fraziers Sicht der Dinge dagegen imponierte mir. Er setzte sich mit großer intellektueller Redlichkeit und unter Verwendung von ausführlichem statistischen Material auch mit den sozialen Problemen seiner eigenen Minderheitengruppe auseinander, etwa mit den, wie er darlegte, vermutlich aus den Zeiten der Versklavung herrührenden chaotischen Familienverhältnissen vieler Afroamerikaner und deren Auswirkungen, weiters mit der hohen Delinquenzrate schwarzer Jugendlicher der Unterschicht und dergleichen. Sehr erhellend waren auch Fraziers Hinweise auf die Blockierung des Aufstiegs schwarzer Handwerker durch konservative weiße Gewerkschaften, die ihnen entsprechende Ausbildungs- und Mitgliedschaftsmöglichkeiten verwehrten. Freilich: der Name Edward Franklin Fraziers, der es 1948 immerhin zur Präsidentschaft der amerikanischen Soziologischen Gesellschaft brachte, ist bis heute wenigstens im deutschen Sprachraum weitgehend unbekannt – ich musste seine Kurzbiographie vor kurzem selbst in die heimische Version des Online-Lexikon Wikipedia hineinreklamieren.

Der Geist bzw. Ungeist der von der sozialen Realität abgelösten psychologisierenden und moralisierenden Vorurteilsanalyse von Minderheitenfragen hat sich dagegen in den letzten Jahrzehnten in fataler Weise verbreitet – fatal deshalb, weil eine solche Sicht keinerlei Antwort auf die bei massiven Wanderungsbewegungen real entstehenden ökonomischen, sozialen und kulturellen Gruppenspannungen hat, diese also negiert und tabuisiert und damit der politischen Rechten letztlich gefährliche Agitationsmöglichkeiten aufmacht.

In welches Licht setzen sich Experten und Medien beim Durchschnittsbürger, wenn, wie jüngst wieder feststellbar, ganze TV-Dokumentationen und einseitig besetzte Expertenrunden zur Romafrage bloß über Musik, Diskriminierung und den schrecklichen Massenmord in den Nazi-KZs sprechen, aber sorgfältig an allgemein bekannten Tatsachen wie der bei dieser Minderheitengruppe leider überproportional verbreiteten organisierten Bettelei und Kleinkriminalität vorbeireden?[1] Sie sägen am Ast der eigenen Glaubwürdigkeit, stimulieren die Sehnsucht der Bürger nach „einem, der es denen mal richtig hineinsagt" und fördern damit eben jene Tendenzen, die sie zu bekämpfen vorgeben.

Was hilft es, wenn ein sonst höchst schätzenswerter Kommunikationsexperte wie Fritz Hausjell[2] für eine generelle Verschweigung des Migrationshintergrundes von Straftätern bei der medialen Berichterstattung über Delikte eintritt – wenn unterdessen bereits Streetgangs verschiedener Zuwanderergruppen stundenlange Straßenkämpfe ausfechten? Eine solche Kopf-in-den-Sand-Politik der Wohlmeinenden kann nur den Boden für ein höchst gefährliches Umkippen der öffentlichen Meinung bereiten.

Gegen die intellektuell dubiose reine Vorurteilsforschung anzuargumentieren erschien freilich lange Zeit hoffnungslos. 1976–77 habe ich mir einmal erlaubt, in den Spalten der „Österreichischen Zeitschrift für Soziologie" eine Diskussion betreffend die Wünschbarkeit einer sachlichen Analyse der sozialen, ökonomischen und politischen Rollen von Minderheiten loszutreten, nicht zuletzt angesichts der unbefriedigenden Tatsache, dass auch statistisch belegbare Globalaussagen über solche Personengruppen gerne moralisierend unter die Kategorie des bloßen Vorurteils oder gar des rassistischen Klischees subsumiert werden. Der erste Gedankenaustausch zwischen Bernd Tichatschek-Marin und mir hatte nicht unbedingt erfreulichen Charakter – mein Kontrahent unterstellte mir, wenn ich mich recht erinnere „Boulevardzeitungs-Mentalität". In einer zweiten Runde der Debatte konnte ich dieses Missverständnis, wie mir schien, bereinigen, nicht zuletzt dadurch, dass ich offen deklarierte, selbst zum Teil jüdische Vorfahren zu besitzen, daher von rassistischem Denken wohl unbelastet zu sein. Die in den Heften 1/1977 und 5/1977 durchgeführte Debatte wurde Jahrzehnte später von meinem Kontrahenten, heute kurz Bernd Marin genannt, aufgegriffen. Er ersuchte mich um die Jahrtausendwende unseren seinerzeitigen Gedankenaustausch in eine von ihm geplanten Sammlung seiner Arbeiten zum Antisemitismus aufzunehmen. Ich stimmte zu, allerdings unter der strikten Bedingung, es müsse die gesamte Diskussion aufgenommen werden. Dies geschah allerdings nicht. Ich verzichtete auf rechtliche Schritte, sie wären mir unangemessen erschienen, bekenne aber doch, mich einigermaßen geärgert zu haben.

Die Früchte der Manipulation

Manipulation und intellektuelle Unredlichkeit stellen noch immer weithin geübte Techniken der „wohlmeinenden Elite" dar. Die durch wirtschaftliche Interessen forcierte massive Zuwanderung der letzten Jahrzehnte hat aber in Europa zum Teil stark amerikanisierte Verhältnisse geschaffen, es gibt ethnisch orientierte Jugendgangs, kulturspezifisch motivierte Kriminalität wie

Ehrenmorde und Selbstaufgabetendenzen der Staatsmacht gegenüber gewissen geschlossenen Milieus. Davon darf aber oder durfte bis vor kurzem öffentlich nicht geredet werden – mit dem Resultat, dass untergründig das Vertrauen der Bevölkerung in Politik und Medien gefährlich am Sinken ist und kecke Tabubrecher und Hobbygenetiker wie ein Thilo Sarrazin breite Zustimmung finden. Man versuchte und versucht noch immer den bereits gefährlich aufkochenden Topf der sozialen Spannungen mit aller Gewalt zuzuhalten, anstatt dass man rechtzeitig über entsprechende Ventile wie positive Integrationsangebote kombiniert mit demonstrativer Härte in inakzeptablen Fällen (Zwangsheiraten, Kriminalität etc.) Überdruck abgelassen hätte.

Zuletzt nochmals eine kleine persönliche Abschweifung: Im Herbst 2006 erhielt ich von einem mir nur entfernt bekannten Professor einer deutschsprachigen Universität ein bemerkenswertes, offenbar sehr spontan verfasstes Schreiben: Er schätze meine öffentlichen Interventionen sehr, meinte darin Herr N., und wolle mich fragen, ob ich nicht eine kleinere Arbeit quasi in der Schublade habe, die er in seiner Reihe publizieren könnte. Ich erinnerte mich plötzlich der unerledigten Angelegenheit eines geplanten kleinen Essays zum Thema Minderheiten, entwarf ein entsprechendes Konzept und bat um kritische Beurteilung. Seither herrscht leider zwischen N. und mir Funkstille.

Handelt es sich bei solchen Erfahrungen um Zufälligkeiten?

Ich glaube nicht. Nochmals gesagt: In Bezug auf den Fragenkomplex: Minderheiten, Zuwanderung, Integration herrschte etwa ein Vierteljahrhundert lang, also letztlich seit Beginn der großen, wirtschaftlich bedingten Wanderungsbewegungen in Richtung der industrialisierten Länder, ein höchst eigentümliches Meinungsklima. Der im intellektuellen und Medienmilieu dominierende Diskurs ist jener, der, im Einvernehmen mit dem dominierenden neoliberalen Zeitgeist, die Vorteile einer „buntscheckigeren" Welt und des engen Zusammenlebens sehr verschiedener Kulturen hervorhebt und die damit verbundenen Probleme bagatellisiert, ja tabuisiert beziehungsweise sie moralisierend auf die „rassistischen" Vorurteile der eingesessenen Bevölkerung zurückführt. Dabei wird oft der eigentlich unangemessene Vergleich zum Holocaust, also der NS-Judenvernichtung gezogen, wiewohl der Anteil der von unmittelbarer Bedrohung an Leib und Leben Betroffenen unter den heutigen Migranten verschwindend gering sein dürfte. Die bedenkenlos geschwungene Faschismuskeule trifft freilich oft ins Leere: Ein befreundeter sozialdemokratischer Schuldirektor in einem dicht besiedelten Zuwandererbezirk Wiens erlaubte sich etwa schon vor ungefähr 15 Jahren, auf die Sprachprobleme vieler seiner Volksschulkinder hinzuweisen und eine Vorstufe verpflichtender Deutschkurse anzuregen: Er wurde in einer Fraktionsversammlung als „Nazi" beschimpft.

Im Untergrund des herrschenden Diskurses macht sich allerdings in den letzten Jahren ein zunehmend rebellisches Meinungsklima breit, das mit wachsenden Ressentiments auf die Beschwichtigungsformeln und Schuldzuweisungen „von oben" reagiert. Die gefährlich zurückgestaute Debatte wird von populistischen Demagogen aufgenommen, die die Ängste und Ressentiments der Mehrheitsbevölkerung aktiv ausbeuten. Dies bedingt wieder die Gefahr einer Radikalisierung, vor allem der jüngeren Teile der besonders betroffenen Minderheiten. Noch werden die sozialen Probleme von Migrantenkindern (Schulleistungsschwächen, überproportionale Beteiligung an Gewaltakten etc.)

in den „seriösen“ Medien in der Regel nur in höchst codierter Form angesprochen, manche Forscher plädieren sogar offen dafür, über einen allfälligen Migrationshintergrund bei Delikten bewusst nicht zu berichten. Dass damit genau die gegenläufige Tendenz in der Massenpresse gefördert wird, scheint dabei beiseite geschoben zu werden. Heute scheint der Punkt erreicht, an dem die gefährlich zurückgestaute Debatte von populistischen Demagogen aufgenommen wird, die die Ängste und Ressentiments der Mehrheitsbevölkerung, aber auch der integrationswilligsten Teile der Zuwandererbevölkerung aktiv ausbeuten. In der deutschen und österreichischen Bevölkerung kursieren „Türkenwitze“, die es an rassistischer Widerwärtigkeit mit den traditionellen antisemitischen Witzen über Juden durchaus aufnehmen können. Auf ein Massenpublikum hin orientierte Medien, etwa populäre TV-Sender, schüren Konflikte, denn „Streit schafft Quote“. Eine erneute Verschärfung der seit dem Herbst 2008 aufgebrochenen Wirtschafts- und Finanzkrise könnte auch dazu führen, die hier dargestellten, bisher mühsam im herrschenden Diskurs verleugneten gesellschaftlichen Widersprüche dramatisch zu verschärfen.

Dringend nötig wäre eine Versachlichung der Diskussion. Hier geht es im Wesentlichen um die Wiedergewinnung des Instruments nüchterner Interessenanalyse für ein durch hemmungsloses Moralisieren entsachlichtes Thema, um einen Denkstil zwischen Realpolitik und dialektischem Materialismus, der in den letzten Jahrzehnten über weite Bereiche aus dem öffentlichen Diskurs in die Briefings der Geheimdienste abgedrängt worden ist, um eine offene Benennung der Gewinner und Verlierer im Spiel des Divide et impera. „Wertfreie Wissenschaftlichkeit“ kann hier nicht eingefordert werden, aber Slogans, die mit Angstparolen arbeiten, wie mit der drohenden Verdummung Deutschlands, wären zu vermeiden.

Den medial auftretenden Ethnienrepräsentanten (auch den „deutsch-deutschen“) wäre schließlich die Beschäftigung mit einem Autor wie E. Franklin Frazier anzuraten. Von ganz wenigen Ausnahmen wie Necla Kelek abgesehen, ist heute eine kritisch-solidarische Befassung mit der eigenen ethnisch-kulturellen Gruppe extrem unüblich. Nicht die Befeierung der eigenen Identität gewinnt freilich die Sympathie der anderen, sondern Offenheit, Bereitschaft zur Selbstkritik und Konzilianz.

Anmerkungen

1 Bezug auf eine ORF-Reportage und Club-2-Diskussion vom 15.9.2010
2 in einem Interview mit der Zeitung „Der Standard“ vom 4. Mai 2008

18. „Sarrazin spricht aus, was andere ahnen“

Henryk M. BRODER
im Interview mit Tibor PÉZSA

Kennen Sie Thilo Sarrazin eigentlich persönlich?

Henryk M. Broder: Ja, mein Eindruck war: Er ist ein kluger, zivilisierter, nachdenklicher Mensch, der in der Tat gerne seine Meinungen pointiert zuspitzt. Ein durchaus positiver Eindruck.

Ist es nicht merkwürdig, dass sich alle Welt seit Tagen über ein Buch aufregt, das erst ab heute zu kaufen sein wird?

Henryk M. Broder: Wir erleben ein Phänomen der Massenhysterie. Ich beobachte das mit Entsetzen. Ich kann mich an keinen Fall erinnern, dass sich sogar eine Kanzlerin zu einer Buchveröffentlichung geäußert hätte, und dann auch noch mit dem Satz, dieses Buch sei „nicht hilfreich“. Wenn Sie jetzt anfangen, Bücher danach zu beurteilen, ob sie „hilfreich“ sind oder nicht, können Sie vermutlich 95 Prozent aller Bücher einstampfen. Das Komische daran ist, dass unsere Gesellschaft „Querdenker“ ja so wahnsinnig schätzt. Wenn jemand sagt, der denkt „unbequem“, dann ist er schon automatisch ein öffentlicher Held. Das ist alles falsch. Es gibt die Wertschätzung der „Querdenker“ in Wirklichkeit nur so lange, wie sie und die anderen Provokateure sich an die Regeln halten. Ich finde es absolut bedenklich, dass eine ganze Gesellschaft querbeet durch die Parteien und Verbände über einen Mann herfällt und nicht einmal den Ansatz von Bereitschaft zeigt, sich mit dem auseinanderzusetzen, was er schreibt.

Ganz richtig ist das so ja nicht. Sarrazins Thesen sind ja bekannt, sie werden nur abgelehnt: Dass Muslime sich angeblich nicht integrieren wollen. Dass sie Bildung verweigern. Dass sie unserer Gesellschaft mehr schaden als nützen. Anstößig ist doch allein schon die Verallgemeinerung.

Henryk M. Broder: Sie kommen gar nicht umhin, pauschale Aussagen zu machen. Wir reden ja auch von „den Deutschen", ohne daran Anstoß zu nehmen. Jede von Sarrazins Behauptungen ist entweder belegbar oder erweckt doch den Anschein der Plausibilität. Natürlich zeichnet er ein extrem negatives Bild. Die Leute, die über ihn herfallen, tun das aus zwei Gründen: Um ihn zum Schweigen zu bringen. Und um in sich selber Zweifel zum Verstummen zu bringen, Zweifel an ihrer bisherigen Politik. Sarrazin spricht aus, was andere ahnen, aber nicht zur Kenntnis nehmen möchten. Das ist sein Verbrechen.

Ein Tabuthema sind Einwanderung und Integration bei uns aber nicht gerade.

Henryk M. Broder: Wir haben ja auch kein Problem mit der Migration an sich. Die Debatte ist konzentriert auf die Moslems. Und das hat Gründe, die in der Kultur liegen, die sie mit in die Bundesrepublik gebracht haben. Dass wir diese Probleme mit Chinesen nicht haben, nicht mit Vietnamesen, mit Thailändern und Japanern, das sagt doch schon alles.

Und dennoch lässt sich so eine Kritik nicht verallgemeinern. Sie kennen doch sehr wahrscheinlich genau wie ich persönlich Moslems, die Sie ausdrücklich vor Sarrazins Kritik in Schutz nehmen würden. Margot Käßmann nennt Sarrazins Kritik denn auch „menschenverachtend“.

Henryk M. Broder: Natürlich gibt es auch diese Moslems. Sarrazin kennt sie auch. Ich weiß nicht, ob er sagt „alle Moslems“ oder „alle Türken“. Er spricht von der „islamischen Migration“, der „islamischen Kultur“. Und das heißt natürlich nicht, dass er jeden einzelnen Moslem meint. Übrigens: Wenn Frau Käßmann „menschenverachtend“ sagt, dann kann ich nur sagen: Menschenverachtend ist es, besoffen mit einem Auto herumzufahren. Denn dabei kann es wirklich jemanden erwischen. An Thilo Sarrazin arbeiten sich jetzt alle Leute ab, um sich auf eine sehr billige Weise ein paar moralische Punkte zu holen. Selbst wenn er pauschaliert: Wann hat es denn zum letzten Mal einen Ehrenmord im Milieu der buddhistischen oder jüdischen Einwanderer gegeben? Oder bei den rumänischen Christen, die in die Bundesrepublik gekommen sind? Da gibt es auch Schwierigkeiten, alles Mögliche. Aber ganz bestimmte kulturelle Ausprägungen sind in der Bundesrepublik leider zum Kennzeichen der Moslems geworden. Das bedeutet nicht, dass alle Moslems so sind. Und ich kenne auch genug Moslems, die entsetzt darüber sind, was in ihrem Milieu hier passiert. Aber insofern ist Sarrazins Pauschalierung begründet.

Man kann sich ja schlechter gegen Applaus als gegen Kritik wehren. Meinen Sie, dass Thilo Sarrazin auch Applaus aus der falschen Ecke bekommt?

Henryk M. Broder: Mit Sicherheit. Es ist das ästhetische Problem an dieser Geschichte, wenn ihm die NPD zuklatscht. Es geht ja nicht darum, dass man gegen Einwanderung ist. Keine deutsche Familie kann vier Wochen für 500 Euro in Antalya verbringen, aber gleichzeitig den Leuten in Antalya das Recht verwehren, nach Rostock oder Lübeck zu ziehen und dort anständig bezahlt zu werden. Unser Wohlstand ist keine Einbahnstraße. Aber man muss natürlich die Bedingungen für Einwanderung festsetzen. Und wenn jetzt die NPD jubelt, ist das sicher unangenehm. Die NPD ist einfach dagegen, dass Ausländer oder Fremde herkommen. Und diese Position kann man nicht teilen. Da müsste Thilo Sarrazin in der Tat ein klares Wort sagen, um sich dieser Freunde zu entledigen.

Es ist ja auffällig, dass der so genannte Stammtisch auf Seiten Sarrazins ist, während fast alle Politiker empört aufschreien. Wie erklären Sie das?

Henryk M. Broder: Das ist ja nicht nur in diesem Fall so. Wir haben eine zunehmende Kluft zwischen der Basis und den Eliten. Ich beobachte seit Jahren, dass das einfache Volk klüger ist als die Politiker, die in seinem Namen sprechen. Das haben Sie in ganz vielen Bereichen. Die Leute ahnen, dass was schief geht. Sie können sich vielleicht nicht so gut ausdrücken wie Thilo Sarrazin. Aber es sind Ängste, die Politiker ernst nehmen sollten. Die haben sich aber zum großen Teil von der Wirklichkeit verabschiedet. In der Beziehung bin ich völlig auf der Seite des Stammtisches und des „dummen“ Volkes und nicht der klugen Eliten.

Warum bekommen die Parteien das Problem nicht in den Griff?

Henryk M. Broder: Sie kriegen ja vieles anderes auch nicht hin – von der Pendlerpauschale über die Eigenheimzulage bis zum Dosenpfand. Es ist eine Strecke der Hilflosigkeit. Warum sie es nicht hinkriegen? Ich weiß es nicht. Ich glaube, dass ein Land mit 16 Ministerpräsidenten und vier, fünf Wahlen pro Jahr einfach unregierbar ist – was im Prinzip auch sympathische Züge hat. Ich glaube, eine Gesellschaft ist dann reif, wenn sie keine Regierung braucht. Wenn sie die Regierung outsourcen würden und das Land an Disneyland vermieten, dann würde hier doch im Prinzip alles so weiterlaufen wie jetzt. Und zwar deswegen, weil die Gesellschaft relativ gefestigt ist. Ich weiß, es ist eine Phrase, aber es ist trotzdem so: Die Politiker haben den Kontakt zur Wirklichkeit verloren. Wenn diese Leute nicht regelmäßig einkaufen gehen, wenn sie nicht wissen, wie viel ein Pfund Butter bei Aldi kostet, wenn sie nicht wissen, wie eine verwahrloste Fußgängerzone im Ruhrgebiet aussieht – dann haben sie keine Beziehung zur Wirklichkeit. Und wenn sie jetzt zugeben würden, dass was schief läuft, käme ja auch sofort die Frage: Warum habt ihr das nicht eher gemerkt?

Was wird Sarrazins Buch bewirken?

Henryk M. Broder: Erst einmal nichts, außer dass es eine öffentliche Diskussion gibt. Die Reaktionen auf Sarrazin zeigen für mich vor allem, dass die Politiker vergessen haben, dass eine Demokratie nicht von richtigen, sondern von falschen Meinungen lebt. Über richtige Meinungen gibt es immer einen Konsens. Da ist sofort Ruhe. Falsche Meinungen dagegen provozieren immer eine Debatte. Es gibt natürlich auch falsche Meinungen, die nicht mal einen Widerspruch wert sind. Aber das, was Sarrazin schreibt, liegt innerhalb des demokratischen Spektrums. Die Folge ist, dass darüber debattiert wird. Der Versuch, Sarrazin zum Schweigen zu bringen oder ihn zu diskreditieren, wird nur neue Sarrazins hervorrufen.

19. Von Zahlenmenschen und Gefühlsspezialisten

Cora STEPHAN

Der Fall Sarrazin ist eine historische Wegmarke für Deutschland – er bewegt in diesen Tagen wie kein anderes Thema. Es wird heftig über die Thesen seines Buches gestritten, noch heftiger über seine Äußerungen im Verlaufe dieser Debatte.

Nein, Herr Wang möchte nicht nach Deutschland einwandern. Eigentlich mag er das Land. Und das Geld stimmt auch. Aber er hat unsere Kultur ein wenig näher studiert. Seither möchte er lieber nicht. Herr Wang ist Naturwissenschaftler. Herr Wang hat mitbekommen, wie man in Deutschland Debatten zu führen pflegt.

Mit viel Gefühl. Und mit ganz wenig Verstand. Und gänzlich ohne Respekt vor Zahlen und Tatsachen. Das aber ist schlecht für die Ingenieurskunst. „Was soll ich denn machen“, sagt Herr Wang, „wenn ein Mitarbeiter, der meine Zahlen bezweifelt, sie nicht etwa überprüft, sondern sich von ihnen verletzt und beleidigt fühlt?“ Deutschland, einst Hort der Ingenieurskunst und noch immer eine starke Wirtschaftsmacht, Deutschland, sagt Herr Wang, ist im Begriff, sich selbst abzuschaffen. Und da möchte er nicht dabei sein.

Nun, wer in den letzten Tagen ferngesehen hat, wird Herrn Wang nicht widersprechen können. Er hat ein Land erlebt, in dem der Ökonom Thilo Sarrazin von der Grünenpolitikerin Renate Künast als „menschlich schäbig“ und „gefühlskalt“ beschimpft wurde, weil er sich auf Zahlen und Statistiken bezieht. In dem eine deutsch-türkische Landesministerin aus Niedersachsen, die der Presse „kultursensible Sprache“ gegenüber türkischen Migranten verordnen wollte, stolz verkündet, „sie brauche keine Statistiken und Analysen“, da sie die „Migranten ja kenne“.

Ob bei Beckmann, ob bei Plasberg: Es triumphierten die Menschlichkeit und das Leben über das statistische Teufelszeug, das „Menschen auf Zahlen“ reduziere. Selbst die Bundeskanzlerin, von Haus aus Naturwissenschaftlerin, übernahm den neuen Gefühlssprech und ließ uns an ihren Empfindungen teilhaben. Alles andere hieße ja wohl auch, über eigene Versäumnisse zu reden.

Denn Thilo Sarrazin konstatiert, was schlechterdings nicht zu leugnen ist: Eine Minderheit hierzulande will sich nicht integrieren, da sie diese Gesellschaft, ihre Kultur und ihre autochthone Bevölkerung verachtet – deren Vertreter wiederum trauen sich nicht, den nötigen Respekt auch einzufordern. Das ist und bleibt der Hauptpunkt der Debatte – die nun im Namen der Menschlichkeit und der Gefühle zusammen mit Thilo Sarrazin erlegt und erledigt werden soll.

Es ist an Schäbigkeit nicht zu überbieten, was uns hier als Debattenkultur, als Weltoffenheit, als Menschlichkeit und buntes Multikulti vorgeführt wird. Die Vertreter der deutsch-türkischen Community tun beleidigt und leugnen das Problem.

Politiker setzen auf das dort vermutete Wählerpotenzial und leugnen ihrerseits, dass das hierzulande übliche „Fördern statt Fordern“ längst an seine Grenzen gestoßen ist. Und niemand vertritt die Interessen der eingeborenen Bevölkerung, die ja womöglich Gründe dafür hat, dass sie sich die Objekte ihrer kulturellen Sensibilität von niemandem vorschreiben lassen will.

Und Sarrazin? Ist der Sündenbock, dem blanke Menschenverachtung und blanker Hass entgegenschlagen und der dennoch und auf fast rührende Weise immer und immer wieder versucht, doch noch ein Argument loszuwerden.

Nun, Umfragewerte und Internetkommentare lassen erkennen, dass das Volk mit den politischen Eliten auch hier nicht übereinstimmt. Beide großen Parteien haben die Gefolgschaft ihrer Wähler eingebüßt. Der SPD droht ein Aufstand der Basis, wenn sie Sarrazin ausschließt. Und der Kanzlerin wird man es übel vermerken, dass sie einen wichtigen Amtsträger, die Meinungsfreiheit und die ihr von Amtswegen angemessene Distanz geopfert hat, um der SPD das Leben noch ein wenig schwerer zu machen. Und alle gemeinsam haben sich mit ihrer menschelnd aufgemotzten Verlogenheit bis auf die Knochen blamiert. Eine große Mehrheit der Deutschen sieht Thilo Sarrazin nun erst recht als den aufrechten, integren, ehrlichen, standhaften Mann, dem es an jener Aalglätte fehlt, mit der die anderen sich unangreifbar gemacht haben.

Der Fall Sarrazin ist für dieses Land eine historische Wegmarke. Und das ist in der Tat kein gutes Zeichen.

Quellennachweis

Wolfgang Böhm: Die Presse, Wien, 24.9.2010

Mathias Brodkorb: Zuerst veröffentlicht am 27. Oktober 2010 unter http://endstation-rechts.de/index.php?option=com_k2&view=item&id=5478

Recep Tayyip Erdogan: Die Ansprache des türkischen Ministerpräsidenten Recep Tayyip Erdogan 10. Februar 2008, KÖLN ARENA, Niederschrift des Mitschnitts. Quelle: Bundespresseamt

Walter Laqueur: Mein 20. Jahrhundert. Stationen eines Poltischen Lebens. Berlin 2009, S. 323–332; mit freundlicher Genehmigung des Propyläen Verlags.

Tibor Pézsa: Hessisch-Niedersächsische Allgemeine, 29.08.10

Heiner Rindermann/Detlef H. Rost: Erweiterter Beitrag aus: Was ist dran an Sarrazins Thesen? Frankfurter Allgemeine Zeitung, 207 (7-9-10), 29, 31

Cora Stephan: Deutschlandradio 3.9.2010

Erich Weede: Unter einem sehr ähnlichen Titel hat die Frankfurter Allgemeine Zeitung am 8. Oktober im Wirtschaftsteil einen kürzeren Aufsatz von mir veröffentlicht. Hier habe ich etwas mehr Platz und kann deshalb einige Argumente ausführlicher darstellen.

Hartmut Wewetzer: Zuerst veröffentlicht am 16.06.2010 unter http://www.tagesspiegel.de/wissen/abrahams-kinder/1860976.html.

Wolfgang Zaunbauer: Österreichisches Institut für Europäische Sicherheitspolitik: Grenzenlose EU. Die Türkei und die Aushöhlung der Politischen Union. Wien 2007.

Rest: Originalbeiträge

AutorInnen

Jürgen Bellers, geb. 1951 in Velbert. Seit 1994 Professor für Internationale Politik an der Universität Siegen. Gastprofessuren in den USA und in der Türkei. Veröffentlichungen: Politische Philosophie, deutsche und internationale Außenwirtschaftspolitik, deutsche Außenpolitik, Entwicklungspolitik, Europapolitik, Medienpolitik und politische Systeme.

Wolfgang Böhm, geb. 1963, Journalist. Begann seine journalistische Laufbahn beim österreichischen Nachrichtenmagazin „profil", war außenpolitischer Redakteur der „Presse" und leitet derzeit die dortige Europaseite. Publizierte zuletzt einen Band über Organe und Aufgaben der EU.

Henryk M. Broder, geb. 1946, Publizist und Autor. Seit Ende der 60er Jahre für verschiedene Magazine tätig. Schreibt heute für die Magazine „Der Spiegel" und „Die Weltwoche" sowie für die Tageszeitung „Der Tagesspiegel". Autor verschiedener Artikel und Bücher über jüdische Kultur, das deutsch-jüdische Verhältnis und über Judenfeindlichkeit und Antiamerikanismus in der deutschen Gesellschaft, insbesondere auch der deutschen Linken.

Mathias Brodkorb, geb. 1977. 1998 für zwei Jahre Landesvorsitzender der Jusos Mecklenburg-Vorpommern. 2002 Wahl in den Landtag Mecklenburg-Vorpommern. Sprecher für Hochschulpolitik und politische Bildung, stellvertretender Vorsitzender der SPD-Landtagsfraktion. Engagiert sich vor allem in den Bereichen Hochschulpolitik und Rechtsextremismus. http://www.mathias-brodkorb.de/

Recep Tayyip Erdogan, geb. 1954, türkischer Politiker, zwischenzeitliches Politikverbot. Von 1994 bis 1998 Oberbürgermeister Istanbuls. Derzeit Vorsitzender der Adalet ve Kalkinma Partisi (AKP). Seit März 2003 Ministerpräsident der Türkei.

Ralph Giordano, geb. 1923, Journalist, Publizist, Schriftsteller und Regisseur. Nach dem Zweiten Weltkrieg journalistische Tätigkeit bei der Allgemeinen Jüdischen Wochenzeitung. Journalistische Ausbildung am Deutschen Literaturinstitut Leipzig. 1961 bis 1988 Arbeit als Fernsehjournalist. Publikation vieler Bücher zu Politik und Zeitgeschichte, insbesondere zu Folgen und Aufarbeitung des Dritten Reiches in der bundesrepublikanischen Gesellschaft. Giordano beschäftigt sich heute unter anderem stark mit den Themen Einwanderung, Integration und Islamismus.

Gunnar Heinsohn, Prof. Dr. Dr., geb. 1943. Seit 1984 Professor an der Universität Bremen. Leitet seit 1993 dort auch das Institut für Xenophobie- und Genozid-Forschung. Seine Publikationsliste umfasst mehr als vierhundert Publikationen.

Claudia Keller, geb. 1968, Journalistin. Studium der Geschichte und der Germanistik in Köln. Redakteurin beim Tagesspiegel in Berlin mit dem Schwerpunkt Kirchen/Religionen.

Hans Mathias Kepplinger, Prof. Dr., geb. 1943. Seit 1982 Professor für Empirische Kommunikationswissenschaft an der Johannes-Gutenberg-Universität Mainz. Forschungsschwerpunkte u. a.: nonverbale Verhaltensweisen von Politikern im Fernsehen, Eigengesetzlichkeit von Skandalen, Berichterstattung über den Klimawandel und den Einfluss des Fernsehens auf Wahlentscheidungen. www.kepplinger.de

Walter Laqueur, Prof. Dr., geb. 1921 in Breslau, arbeitete zunächst als Landarbeiter und als Journalist, bevor er sich als Autodidakt durch seine Veröffentlichungen einen Ruf als Historiker verschaffte. Bekleidete Professuren an der Brandeis und der Georgetown University und hatte zahlreiche Gastprofessuren in den Vereinigten Staaten und Israel inne. Von 1965 bis 1994 Direktor des Institute of Contemporary History in London. Zahlreiche international beachtete Publikationen zum Nationalsozialismus, Stalinismus, Terrorismus, Israel und Nahost, um nur einige Themen zu nennen.

Chaim Noll, geb. 1954, deutsch-israelischer Schriftsteller. Lebt seit 1995 in Israel. 1998 erhielt er die israelische Staatsbürgerschaft. Noll unterrichtet neben seiner schriftstellerischen Tätigkeit an der Universität in Be'er Scheva und reist regelmäßig zu Vorträgen und Lesungen nach Deutschland. www.chaimnoll.com

Tibor Pezsa, Dr., geb. 1960, Journalist. Seit 1994 Gastdozent am Journalistenzentrum Haus Busch/Hagen, seit 1998 auch an der Hamburger Akademie für Publizistik. Seit 2002 Lokalchef in Kassel bei der Hessischen Niedersächsischen Allgemeinen (HNA).

Markus Porsche-Ludwig, Prof. Dr., geb. 1968, habilitierte sich an der Universität Kassel und ist Professor an der National Dong-Hwa Universität in der Republik China (Taiwan). Er hat einen neuen Ansatz in der Politikwissenschaft entwickelt, der die Analytik politischer und sozialer Prozesse normativ, rechts- und geisteswissenschaftlich leistet („Protopolitik").

Heiner Rindermann, Prof. Dr., Jahrgang 1966, lehrt Pädagogische Psychologie und Entwicklungspsychologie an der TU Chemnitz. Er beschäftigt sich mit Bedingungen und Folgen kognitiver Kompetenzen für Personen und Gesellschaften. Publikationen u. a.: Oesterdiekhoff, G. W. & Rindermann, H. (Hrsg.) (2008), *Kultur und Kognition.* Münster. Hubig, Ch. & Rindermann, H. (2010). Bildung und Kompetenz. Göttingen.

Detlef H. Rost, Prof. Dr., Jahrgang 1945, lehrt Pädagogische und Entwicklungspsychologie an der Philipps-Universität Marburg. Er beschäftigt sich u. a. mit Hochbegabungs- und Intelligenzforschung sowie mit pädagogisch-psychologischer Diagnostik. Mehr als 250 Veröffentlichungen. Aktuelle Bücher u. a.: *Intelligenz: Fakten und Mythen*. Weinheim (2009). *Intelligenz, Hochbegabung, Vorschulerziehung, Bildungsbenachteiligung*. Münster (2010).

Robert Schediwy, Dr. jur., geb. 1947 in Wien. Tätigkeit an der Universität Wien und Leiter des Referats für Konsumgenossenschaften und Gemeinwirtschaft der Wirtschaftskammer Österreich (WKÖ). Publizierte zahlreiche Artikel zu politischen, wirtschaftlichen und kulturellen Themen.

Wolfgang G. Schwanitz, Prof. Dr., geb. 1955, Arabist, Wirtschaftswissenschaftler, Nahosthistoriker. Seit 1986 Forschung und Lehre an verschiedenen Universitäten in Deutschland und den USA. Seit 2007 Visiting Professor, Gloria Center, Herzliya, Israel.

Cora Stephan, Dr., geb. 1951. Zwischen 1976 und 1984 Lehrauftrag an der Johann Wolfgang Goethe-Universität Frankfurt am Main. Sie arbeitete zudem als Lektorin, Übersetzerin und Rundfunkmoderatorin. Seit 1987 tätig als freie Buchautorin, Kolumnistin, und Essayistin und Vortragende.

Erich Weede, Prof. Dr., Dipl-Psych., geb. 1942. Seit 1978 Prof. für Soziologie an der Universität Köln; 1997 Prof. für Soziologie in Bonn. „Rational Choice"- und „Public Choice"-Theorien; international vergleichende Analysen zu Wirtschaftswachstum, Einkommensverteilung und Gewaltanfälligkeit; Zivilisationsvergleiche. http://www.soziologie.uni-bonn.de/institut/lehrkoerper/prof.-dr.-erich-weede

Hartmut Wewetzer, Dr., geb. 1961, studierte Medizin in Berlin und ist Leiter des Wissenschaftsressorts beim Tagesspiegel, Berlin. Er ist spezialisiert auf Themen aus Biowissenschaften und Medizin und wurde 1998 mit dem Georg-von-Holtzbrinck-Preis für Wissenschaftsjournalismus ausgezeichnet (2. Preis).

Wolfgang Zaunbauer, geb. 1978, ab 1998 Studium der Geschichte und Politik in Wien, hernach ein Jahr tätig beim Österreichischen Institut für Europäische Sicherheitspolitik. Ab 2006 Journalist bei der Wiener Zeitung, momentan tätig als Redakteur Innenpolitik.

Ankündigung

Jürgen Bellers (Hg.)
Freiheit und Zuwanderung als Spannungsverhältnis
Beiträge zur Sarrazin-Diskussion

„Freiheit und Zuwanderung als Spannungsverhältnis" provoziert und spitzt zu. Was ist gemeint? Durch Massenzuwanderung kann es in einer Gesellschaft passieren, dass die Normalitäten des Alltags ggf. nicht mehr voll funktionieren. Was, wenn man plötzlich gesonderte Badeveranstaltungen für Schülerinnen anbieten muss? Was, wenn man sich nicht mehr auf wechselseitige Pünktlichkeiten verlassen kann? Was, wenn plötzlich zu mir als Vater jemand kommt, der eine Heirat zwischen unseren Kindern aushandeln will? Was, wenn es keinen Alkohol mehr in meinem Viertel zu kaufen gibt? Oder was, wenn ein zum Christentum konvertierter Muslim in Deutschland um sein Leben fürchten muß? Oder kann Weihnachten wie bisher gefeiert werden?

Das kann auch meine gewohnte Freiheit beeinträchtigen. Freiheit ist nicht nur individualistisch und nur rein vernunftbezogen, sondern auch sozial eingebettet, abhängig vom Verhalten und Handeln der anderen. Dem widmet sich u.a. der Band.

Mit Beiträgen von Prof. W. Hinrichs, Prof. M. Porsche-Ludwig, Prof. J. Bellers, Prof. E. Flaig, Prof. W. Gieler, Dr. L. Miliopoulos, Dr. K. Garnetzke, Dr. D. Bogner, H. Krauss, Ü. Yagmur

2011, ca. 200 S., 19,90 €, br., ISBN 978-3-643-11015-2